L'ÉVOLUTION INDIGÈNE
EN INDOCHINE

Le problème Politique
Le problème Juridique

PAR

HENRI DARTIGUENAVE

AVOCAT

Conseiller honoraire à la Cour d'Appel de Saigon

Prix : 1$00

CANTHO

IMPRIMERIE DE L'OUEST

1924

L'ÉVOLUTION INDIGÈNE

EN INDOCHINE

Le problème Politique
Le problème Juridique

PAR

HENRI DARTIGUENAVE

AVOCAT

Conseiller honoraire à la Cour d'Appel de Saigon

Prix : 1$00

CANTHO

IMPRIMERIE DE L'OUEST

1924

AVANT-PROPOS

Ce petit livre n'est pas un livre de circonstance. Il n'est inspiré par aucun intérêt personnel ; il est écrit sans passion et avec un grand désir d'impartialité. Les idées que nous y développons ne datent pas d'hier. Nous les avons soutenues depuis longtemps dans divers articles sans prétention parus dans la **Revue Indochinoise,** dans la **Tribune des Colonies** et dans le **Journal Judiciaire de l'Indochine.** Bien placé par nos fonctions pour apprécier l'évolution progressive d'un peuple doux et sympathique entre tous que certains cherchent en vain à nous représenter comme arrogant et sans loyalisme, nous avons assisté, depuis 25 ans, en témoin intéressé et attentif, à une marche constante en avant des idées d'assimilation dans ce pays. On nous a reproché ces idées (1)

Nous avons eu la satisfaction de voir une expérience irrésistible leur donner raison. Partisan résolu de cette assimilation sociale, administrative et juridique que beaucoup prétendaient retarder, encore hier, en la déclarant trop hâtive, mais, qui sera **demain** une réalité, adversaire déclaré d'une politique soit disant **française** que l'on oppose en vain à une politique indigène, ennemi par conviction et par tempérament de toute violence morale ou physique

(1) Voir notamment *Giran, De l'éducation des races.—* page 149.

vis-à-vis des indigènes, nous avons, depuis longtemps, essayé de dépouiller notre âme de tout sentiment égoïste pour ne nous consacrer qu'à la recherche du **vrai** dans la solution des problèmes juridiques ou sociaux qui nous étaient soumis. Sans prétendre, certes, avoir le monopole de la bienveillance, nous avons tenté journellement d'élever notre cœur jusqu'à une conception de plus en plus nette de la bonté dans un pays où l'indulgence ne règne pas toujours et où, trop souvent, on peut conseiller avec M. SYLVAIN LEVI, (1) au peuple souverain vis-à-vis du peuple conquis : «Moins d'orgueil et plus de justice».

Le 27 Avril 1919, M. Albert SARRAUT, Gouverneur Général de l'Indochine, prononçait un grand discours à la Pagode de Confucius à Hanoi. Ce discours, bien accueilli dans les milieux annamites, plus discuté dans les milieux français, traitait de façon complète la question de notre politique vis-à-vis des indigènes de la Colonie. C'était la première fois, semblé-t-il, que, dans un discours officiel, on examinait avec une franche éloquence le problème de l'émancipation annamite et que l'on essayait d'en trouver la solution. Aussi ce discours fera-t-il époque. Il orientera dans un sens nouveau notre politique coloniale en Extrême-Orient. Chacun de ses passages mériterait un développement spécial. Le commenter,

(1) Sylvain Levi.— Discours prononcé au Musée Guimet sur les études orientales.

c'est commenter tout ce qui a pu s'écrire ou se dire jusqu'à ce jour en la matière, ce que beaucoup d'esprits éclairés et impartiaux pensaient tout bas dans la colonie, sans oser le dire tout haut. Parmi les reproches que la presse locale ne manqua pas d'adresser à l'auteur du discours du 27 Avril 1919, le plus injuste selon nous, fut d'avoir mal compris les intérêts de la France. Nous pensons au contraire que l'orateur vit de loin, une évolution irrésistible et que, comprenant l'impossibilité d'endiguer complètement un courant d'idées aussi fatal, il chercha et sut trouver un terrain d'entente entre des intérêts hostiles en apparence mais dont la conciliation ne lui semblait pas illusoire.

Avant d'étudier plus en détail et surtout au point de vue juridique la question de l'évolution indigène en Indochine, rappelons brièvement que l'histoire semble donner raison aux idées de M. SARRAUT. Nous devons renoncer délibérément désormais à faire dans le monde figure de conquérants. Nous ne devons plus songer qu'à organiser et administrer sagement et prudemment tant notre propre pays que les pays annexés ou protégés. Pourquoi l'Empire colonial de la France, si prospère et si solide au début du XVIIIe siècle, a-t-il été détruit ? **Parce qu'il a été perdu sur** les champs de bataille du continent. Pourquoi l'Angleterre a-t-elle perdu les Etats-Unis d'Amérique ? Parce qu'après la guerre de sept ans, le Gouvernement anglais, ayant à faire face à une dette énorme, chercha par tous les moyens à tirer de l'argent de ses colonies. De là **l'impôt du timbre de 1765,** premier sujet du mécontentement des Américains et cause initiale de la guerre d'indépendance. Pourquoi, enfin l'Espagne a-t-elle vu s'écrouler, au début du siècle dernier, son immense et riche domaine du nouveau Monde ? Parce que, depuis longtemps, les colonies espagnoles étaient, non pas gouvernées mais **exploitées** par des fonctionnaires sans scrupule qui n'avaient d'autres préoccupations que de s'enrichir rapidement. Ces colonies n'avaient aucune liberté, ni liberté économique, ni liberté de conscience, ni liberté politique. Les Espagnols ne s'intéressaient aux Colonies qu'à cause de leurs mines. Une ville des Colonies ayant demandé la création d'une Université, il lui fut répondu de Madrid « qu'il « ne convenait pas de propager l'instruction dans « l'Amérique espagnole, les habitants paraissant destinés par leur nature à travailler dans les mines ». Un tel régime de compression devait forcément paraître intolérable et conduire à l'insurrection. L'Espagne paya son imprévoyance de la perte de son empire colonial. Puissent ces faits historiques nous servir d'exemples et nous conduire de plus en plus résolument sur le chemin des libertés à accorder aux Colonies et des concessions à faire à la cause de leur émancipation.

Pour hardi qu'il pût paraître, le programme exposé par M. SARRAUT était moins radical que celui développé par certains écrivains ou orateurs en Angleterre ou même en France. C'est un point essentiel qu'il ne faudrait pas oublier. Le 8 Février 1850, lord John RESSEL prononçait à la chambre des communes un discours dont voici un extrait :

« Sans doute je prévois avec tous les bons « esprits que quelques-unes de nos colonies grandiront « tellement en population et en richesse qu'elles « viendront nous dire un jour : « Nous avons assez de « force pour être indépendants de l'Angleterre. Le lien « qui nous attache à elle nous est devenu onéreux et « le moment est arrivé où, en toute amitié et en bonne « alliance avec la Mère-Patrie, nous voulons maintenir « notre indépendance » Je ne crois pas que ce temps « soit rapproché mais faisons tout ce qui est en nous « pour les rendre aptes à se gouverner elles-mêmes. « Donnez leur autant que possible la faculté de diriger « leurs propres affaires. Qu'elles croissent en nombre « et en bien-être et quoiqu'il arrive, nous, citoyens de « ce grand Empire, nous aurons la consolation de « dire que nous aurons contribué au bonheur du « monde ».

M. J. CHAILLEY-BERT n'est pas allé moins loin dans la préface de son livre : « **la Colonisation de l'Indochine** », paru il y a près de 30 ans.

« Nous refusons à nos Colonies toutes initiatives
« et toute liberté. Nous les tenons éternellement en
« tutelle. Plus elles croissent en nombre et en âge, plus
« notre tâche devient lourde et notre surveillance ineffi-
« cace et nous en arrivons à ne plus les aimer parce
« qu'elles nous fatiguent et nous inquiètent.

« Oh ! si demain le Parlement refusait en bloc
« le budget des Colonies, si l'Administration, de guerre
« lasse en abandonnait la direction; si la Métropole
« disait à ses filles: «Tout ce que j'ai dépensé pour vous,
« je vous en tiens quitte. Je vous fais même don de
« tout ce qui chez vous m'appartient. Je m'engage
« encore à vous protéger contre les ennemis du dehors.
« Mais désormais je ne vous verserai plus un centime
« et vous aurez à prendre soin de vous-mêmes. Oh !
« comme cette sévérité serait douce et cette cruauté
« bienfaisante. Comme ce coup de foudre serait un
« coup de fortune !

« Les premiers jours. les premières années
« verraient bien des écoles, bien des folies. bien des
« gaspillages. bien des ruines. Mais, peu à peu. les
« gens d'ordre et d'activité deviendraient les maîtres.
« Et comme on pourrait, en peu de temps, faire des
« merveilles !

Il n'est pas une colonie qui moyennant de
« suffisantes garanties ne trouverait à emprunter à un
« taux raisonnable. Elle s'orienterait. elle construirait.

« enfin les ports, les chemins de fer, les aqueducs, les
« hôpitaux, les sanatoria : elle ferait pénétrer chez
« elle un souffle de vie. Elle rejetterait le tarif douanier
« qui l'écrase ; elle laisserait à peu de frais entrer tous
« les produits du monde. Elle fonderait une école où
« elle instituerait des concours pour le recrutement de
« ses fonctionnaires; elle en aurait peu et les paierait
« bien. Elle renverrait en Europe tout cet appareil
« administratif, tout ce fatras législatif qui l'étouffent :
« et nos codes et notre procédure et nos officiers
« ministériels. Elle emprunterait à des pays jeunes et
« vivants des lois et des formes qui puissent se plier à
« ses besoins.

« Et, à ce régime, toutes deviendraient prospères
« Elles seraient dans le monde comme de nouvelles
« Frances qui sous les latitudes répandraient l'influence
« de l'ancienne. Et si, dans quelque cent ans, l'une
« d'elles venait à grandir assez pour n'avoir plus besoin
« ni de nos dons ni de notre aide, si elle prétendait
« nous rembourser les dépenses d'antan et nous ren-
« voyer nos soldats, pour vivre enfin indépendante
« jusqu'au jour où, à son tour, elle essaimerait sur
« quelque terre nouvelle, ce serait encore une béné-
« diction.

« Car l'important n'est pas d'avoir des colonies
« qui languissent et un empire vaste qui périclite :
« c'est d'avoir semé ses idées dans le monde et laissé

« des héritiers de son génie. **La plus glorieuse
« colonie de l'Angleterre c'est encore les
« Etats unis.**

« Si les nôtres, délivrées de notre tutelle para-
« lysante, devenaient un jour abondantes en habitants
« et en richesses, si de colonies elles s'élevaient un jour
« à la dignité de nations; si ces nations, filles de la
« nôtre, devaient perpétuer notre renom sous d'autres
« cieux et d'autres âges, la colonisation apparaitrait
« alors parmi les peuples comme un merveilleux
« moyen de rajeunissement, comme le plus puissant,
« le seul adversaire de la décadence et de la mort et il
« n'en est pas un qui n'en voulut fonder, même au prix
« de grands sacrifices, pour leur donner la volée vers
« l'âge de la puberté et les lancer dans la voie de la
« liberté féconde ».

L'Indochine, nation indépendante, absolument
détachée de tout lien politique, administratif, financier
etc . . . . avec la Mère Patrie, c'est une hypothèse que M. Sarraut n'a pas voulu entrevoir, soit
qu'il l'ait considérée comme impossible, soit que la
date de sa réalisation lui ait paru trop éloignée pour
qu'il ait consenti à la discuter. Nous l'examinerons
avec ses conséquences complexes, dans un chapitre
spécial.

Chapitre I

§ 1.— L'ÉVOLUTION INDIGÈNE.— LES IDÉES
MODERNES
§ 2.— LE PROBLÈME DE L'ASSIMILATION

**§ 1.— L'évolution indigène. Les idées
modernes.—** A moins d'être aveugle ou ne pas
vouloir ouvrir les yeux, l'observateur le moins attentif
doit s'apercevoir qu'une transformation considérable
s'est opérée depuis vingt cinq ans dans la mentalité des
indigènes de l'Indochine, dans leur façon de vivre et
d'agir. Un mouvement d'émancipation accentué s'est
fait jour avec le progrès. Ce mouvement n'est pas
spécial à l'Extrème-Orient ; il est mondial. Il est le
résultat de l'évolution de l'esprit humain. Après la
guerre d'indépendance des Etats-Unis, la fondation des
Républiques de l'Amérique latine, la fondation du
Commonwealth aux Etats-Unis d'Australie en 1901,
un vent séparatiste s'est mis à souffler sur les Empires
coloniaux du monde entier, et le plus vaste d'entr'eux,
l'Inde, ne demeure pas sans frémir sous le joug de
l'Angleterre et sans donner à ce pays les plus sérieuses
inquiétudes pour l'avenir. De plus en plus, le respect
des nationalités s'affirme comme un principe et gagne
jusqu'aux pays d'outre mer. Nous ne pensons pas qu'il
existe, à proprement parler, un mouvement nettement
séparatiste en Indochine. Nous expliquerons plus
loin quelles nous semblent être, au point de vue

social et politique, les idées de la majorité des Annamites et la portée de ses revendications. Mais vouloir
nier une tendance accentuée de nos sujets et protégés
vers une **autonomie** plus ou moins complète, ce
serait nier l'évidence. Au contact de notre civilisation,
les indigènes ont réfléchi ; ils ont pris conscience de
leur personnalité, de leurs droits. Ils nous jugent,
nous apprécient, se comparent à nous. Si la masse du
peuple au Cambodge, au Laos et en Annam est encore
très ignorante, une élite s'est formée au Tonkin et
en Cochinchine. Cette élite, endoctrinée par des
journaux rédigés par des indigènes, s'est assimilé la
plupart de nos idées et cherche à vivre à notre image.
Le nombre des Annamites parlant le français et
s'habillant à la française devient chaque jour plus
considérable. Depuis un demi-siècle, fonctionnaires,
ouvriers, employés, industriels ou commerçants, vivant
en contact continuel avec nous, ont appris à nous
connaître et à nous observer. Ils ont aussi appris à
nous regarder en face. En toute justice, saurions-nous
leur en faire un grief ?

§ 2.— **Le problème de l'Assimilation.** —
L'assimilation des Indigènes a déjà fait couler beaucoup d'encre. Au congrès colonial international qui
eut lieu à Paris en 1889 le Dr Gustave LeBon s'en
était montré l'adversaire résolu, et dans le même ordre
d'idées, M. de Saussure publia, quelques années après,
un livre ayant pour titre : «Psychologie de la Colonisation française dans ses rapports avec les **sociétés
indigènes** (Félix Alcan Editeur 1889) qui faisait
ressortir de façon souvent saisissante et ingénieuse les

inconvénients d'une assimilation trop hâtive ou poussée à l'extrême. Ces idées, pendant de nombreuses années, semblent avoir eu cours dans les milieux coloniaux. L'assimilation eut pendant longtemps une mauvaise presse. Nous croyons pouvoir en discerner les raisons psychologiques.

Toute race exotique étonne l'Européen. Ni les expéditions lointaines, ni les voyages, ni les expositions coloniales n'ont pu familiariser la Métropole avec des gens de couleur ou d'aspect si différents des nôtres que le premier sentiment, que le blanc ressent en les rencontrant est un sentiment, sinon de méfiance, du moins de surprise et de muette rêverie. Certes, le temps est loin déjà où Montesquieu écrivait en parlant des nègres : «Ceux dont il s'agit sont noirs depuis les
« pieds jusqu'à la tête et ils ont le nez si écrasé qu'il
« est presque impossible de les plaindre. On ne peut
« se mettre dans l'esprit que Dieu, qui est un être très
« sage, ait mis une âme, surtout une âme bonne dans
« un corps tout noir.»

(Esprit des Lois, XV)

Mais si les idées ont fait du chemin depuis Montesquieu et si le préjugé des races, exception faite pour l'irréductible Amérique vis-à-vis de l'élément noir, est beaucoup moins vivace que jadis, il subsiste quand même une barrière toujours très accentuée entre la race blanche et les races dites inférieures. Il n'est donc pas surprenant que les auteurs qui ont cherché à développer jusqu'à l'exagérer l'idée que toute race exotique renferme en elle des éléments impénétrables et qu'une sorte de cloison étanche

subsistera toujours entre l'assimilateur et l'assimilé.
aient facilement rencontré du crédit auprès du public.
Quelle thèse facile à soutenir que celle qui consiste à
proclamer que rien ne ressemble moins à un Français
qu'un fils du Ciel et que vouloir identifier leurs âmes
est une utopie ! Ce ne sont pas seulement les pensées
des habitants de l'Extrême-Orient que certains écrivains nous présentent comme empreintes d'une
spécialisation étrange, ce sont leurs gestes. Et les
choses, les animaux eux-mêmes de ce mystérieux
pays empruntent un peu de la forme anormale des
maîtres du sol. Dans son remarquable et récent
ouvrage sur la **Chine**, E. Hovelaque s'exprime ainsi :
« Les gestes ne sont plus nos gestes. Qu'un Chinois, un
« Japonais frotte une allumette, manie un outil, fasse
« signe d'approcher ou de reculer, en général, ses
« mouvements et ses habitudes instinctives sont
« l'inverse des nôtres, si bien que pour dire non il
« hoche la tête et pour dire oui la secoue, se vêt de
« blanc et non de noir pour prendre le deuil, a
« comme région sacrée l'Ouest et non l'Est, construit
« le toit de sa maison avant la fondation et que ses
« livres finissent à la page où les nôtres commencent.
« . . . .
« Ce n'est pas l'humanité seule qui, dans ces pays, est
« autre. De cette terre et de ce ciel émanent des
« influences dont l'action se retrouve partout pareille,
« la faune et la flore la subissent comme l'homme et
« toutes ses œuvres. On constate avec étonnement que
« passé les détroits de Malacca, les bêtes comme les

« homines ont des yeux bridés, tel l'étrange ours
« malais, ou des aspects qui mystérieusement les
« apparentent aux jaunes. Les êtres, fabuleux-dragons,
« oiseaux nains, géants ne ressemblent en rien aux
« monstres de l'Inde ou de nos pays.

« Le moindre objet venu d'Extrême-Orient se
« reconnaît instantanément par des caractères qui
« le différencient de tout objet occidental. Tout dans
« ce pays étonne et déconcerte l'Européen. Ce monde
« est bien un autre monde, si éloigné du nôtre,
« soumis à des influences inconnues si nombreuses et
« si générales, qui n'ont point chez nous d'analogies
« qu'on a peine à le croire réel et que l'on désespère
« d'en deviner jamais le secret irritant.

(E. Hovelaque. La Chine page 8)

Ainsi hommes, bêtes, plantes. choses, tout ce
qui peuple l'Extrême-Asie nous est irrémissiblement
fermé d'après l'auteur, déroute notre intelligence,
déconcerte notre analyse.— Est-ce bien vrai ? Oui et
non. Est-ce une tendance de notre propre esprit
plutôt porté vers la recherche des ressemblances et
des analogies que vers celle des dissemblances. peut-
être aussi atteint de cette maladie de la peinturite
décrite dans un article récent du « **Mercure** de
France » et qui consiste à rapprocher tout objet ou
toute scène animée de la vie courante d'un chef-d'œuvre
de l'art ou d'un tableau de maître connu, mais nous
avouons que depuis 25 ans que nous sommes en
Indochine, nous avons été souvent, frappé par

l'évocation de nos visions de France en contemplant les paysages d'Indochine et en observant les hommes, les bêtes et les choses de ce pays. Nous avons beaucoup voyagé et parcouru l'Indochine en tout sens : Cochinchine, Cambodge, Siam, Tonkin, Laos Eh bien : au cours de ces longues randonnées où nous avons avidement regardé, quelque peu dessiné, beaucoup réfléchi, que de fois, le souvenir de nos paysages de France est-il venu s'imposer à notre esprit ravi ! Tel bras du Mékong nous rappela l'Adour, ses mariniers, et ses calmes eaux jaunes, certains matins d'automne. Telle voûte de verdure sombre au Laos nous reporta irrésistiblement vers les épais taillis de Vincennes, et l'admirable Rivière Noire au Tonkin nous fit plus d'une fois rêver à nos gaves si pittoresques et si bleus des Pyrénées. M. Hovelaque lui-même n'a pas échappé à ce besoin du rapprochement entre les visions coloniales et les souvenirs de l'Europe, et la hantise des tableaux dont s'étaient précédemment imprégnés ses yeux d'Occidental le domina souvent au cours de son voyage en Chine. Comment résister à la tentation de citer tout au long les admirables lignes qu'il a consacrées à la description de la vallée du Yang-Tsé ?

« C'est ici un des lieux bénis de la terre. Tout
« conspire pour faire de cette vallée du Yang-Tsé qui
« est une autre Hollande plus vaste, plus belle, plus
« intimement heureuse encore, un ravissement pour
« les yeux et un repos pour l'esprit. Ce n'est pas sans
« une émotion reconnaissante que je revois intérieure-
« ment l'adorable paysage ; les années écoulées n'ont
« pu en affaiblir le souvenir.

« A perte de vue s'étendait l'incomparable
« campagne chinoise verdoyante qui est un don des
« eaux, si minutieusement cultivée, si riche en récoltes
« variées, riz, coton, tabac, thé, mûriers, cannes à
« sucre, qu'elle semble un jardin continu. Sur ses
« canaux endormis passaient lentement comme en
« rêve d'innombrables voiles ; ses champs s'animaient
« de groupes serrés de travailleurs vêtus de ce bleu
« riant qui est la marque de la Chine ; leurs blouses
« mettaient dans la verdure d'émeraude des rizières
« infinies et des cultures denses des gaîtés de bleuets
« sous la caresse de la fine lumière humide, tout le
« vivant paysage souriait d'une beauté pacifique et
« comme d'un bonheur intérieur. Je ne pouvais me
« lasser de regarder car la subtile enveloppe de l'air va-
« poreux comme à Venise et en Hollande, donne à l'objet
« le plus banal une séduction inépuisable. Un vieux
« mur, une brouette à voiles, un paysan qui passe,
« une charrette deviennent sous cet éclairage ce que
« sont une simple façade de maison en briques rouges
« ou un quai de canal de Ver Mur, un citron sur une
« assiette, une miche de pain sur une table de cuisine
« de Chardin, des enchantements pour les yeux.

« Et à mesure que je m'enivrais de la claire
« fraîcheur de ce paysage si tendrement baigné de
« pure lumière, de cette translucide atmosphère
« argentée, de ce ciel rêveur aux nacres de perle
« changeante, je ne pouvais m'empêcher de croire que
« c'est dans ces finesses et ces clartés que les Chinois
« ont trouvé l'inspiration de leur porcelaine, née ici :

« comme les Persans, les Turcs et les Turcomans,
« dans l'éclatante orgie printanière de leurs champs
« de fleurs, la chaude sensualité des colorations de
« leurs tapis. Le raffinement des tons est exquis. Je ne
« connais que nos délicats paysages de l'Ile de France,
« des coins de Hollande qui aient, avec cette mesure
« dans les lignes, ce charme réticent de distinction
« délicate, pareille finesse. Partout des harmonies
« de saule retournées, des gris si fins, si subtilement
« pénétrées de roses et de bleus que l'on croirait avoir
« sous les yeux des Corot ou des Van Goyen. Nul or
« dans cette atmosphère, nulle violence, rien de la
« sombre terre hindoue et des fulgurations du ciel
« tropical malgré la latitude et l'accablante chaleur,
« Tout ici est mesuré, sobre, nuancé, comme les
« contours et les décors de cette porcelaine dont
« aucun pays n'a jamais égalé la perfection. C'est
« ici que bat paisiblement le cœur même de la Chine ;
« voici l'empire du Milieu, la terre fleurie, Ce sont les
« influences de ce ciel, la fécondité de ce sol qui ont
« fait cette race raffinée de paysans pacifiques ; c'est la
« civilisation qu'elles ont créée qui impose à leurs
« frères moins privilégiés les rythmes de leur vie»

(Hovelaque. La Chine).

Est-ce amoindrir la valeur de ce style si prenant
que ne renierait ni un Loti ni un Barrès, est-ce
diminuer le sortilège de cette puissante évocation d'un
pays que l'on croit voir, que l'on apprend à aimer
à travers ces lignes, que de dire que celles-ci sont
légèrement en contradiction avec la page du même

auteur que nous avons citée plus haut ? Ce n'est plus cette fois un monde chimérique, mystérieux, impossible à comparer à nos visions d'Europe, c'est maintenant plutôt Venise, puis la Hollande, Ver-Mur Chardin, Corot, Van Goyen que l'auteur séduit évoque en face de ces paysages mouillés d'une tendre lumière. N'est-ce pas la preuve qu'il est aussi dangereux de proclamer que l'Extrème-Orient ressemble en tous points à l'Occident que de décréter que ses paysages échappent à tout rapprochement, à toute confusion avec les nôtres? Pour nous, la différenciation entre les paysages n'est pas plus absolue que celle entre les choses, les bêtes et les gens des deux mondes. Quand nous sommes partis en Indochine, ne nous avait-on pas prédit que nous devrions nous adapter au milieu, porter une queue comme les Chinois, laisser pousser nos ongles, qu'à la longue notre figure se parcheminerait comme celle des jaunes et que nos yeux se brideraient comme ceux des Annamites ? Ces boutades nous laissèrent rêveurs. Depuis, les Chinois ont renoncé à porter la queue, et nos yeux ne se sont pas bridés avec le temps. Si les objets et les bibelots Chinois, Japonais ou Annamites ont un caractère bien spécial, il n'est pas rare cependant de trouver dans certains modèles artistiques, tels ceux publiés par la **Société des Amis du VieuxHué** des spécimens qui se rapprochent singulièrement des nôtres, et les connaisseurs eux-mêmes sont parfois embarrassés pour distinguer certains articles courants de la bimbeloterie japonaise des mêmes articles dont la camelote allemande inondait encore hier nos marchés.

Enfin, quant aux bêtes, elles restent selon nous des bêtes, qui n'ont rien de commun avec les gens, et si les ours malais qu'a vus M. Hovelaque avaient les yeux bridés, c'est une simple coïncidence qu'on pourrait rencontrer peut-être parmi les cerfs de Rambouillet ou les biches de Fontainebleau. Les inoffensifs ours bruns que nous avons vus en Cochinchine et au Laos nous ont paru avoir de bons yeux brillants de gourmandise, qui n'avaient rien de torve ni d'oblique.

M. Hovelaque, d'ailleurs, que nous ne saurions trop citer, a consacré lui-même des pages éloquentes à la théorie d'un fond commun entre des civilisations en apparence si opposées, à celle d'un apparentement caché mais réel entre les idées et les représentants des deux peuples. Et les lignes qu'il a écrites pourraient être considérées comme une réplique victorieuse aux adversaires de l'assimilation :

« Faut-il se contenter, dit-il, de décrire les aspects
« extérieurs de la Chine, les ordonnances sociales,
« les vicissitudes politiques, la situation économique,
« les mœurs, sans pouvoir espérer rien saisir de sa vie
« profonde ? Je ne crois pas. **Quelque chose de**
« ces civilisations rentre dans le domaine
« commun de l'humanité.......

« Aujourd'hui la terre est une. Nos deux
« humanités ne peuvent plus suivre des voies séparées,
« ni continuer à élaborer comme en un vase clos un
« idéal, des formes de pensée, de sensibilité, de vie

« opposée. Que nous le voulions ou non, des actions
« réciproques s'exerceront chaque jour davantage.
« Déjà l'Orient nous emprunte notre civilisation
« matérielle, nos industries, nos cadres politiques : au
« contact de l'Occident sa vie traditionnelle finira sans
« doute par se désagréger comme la nôtre s'est défaite
« depuis un siècle, et parallèlement fournir une matière
« morale de jour en jour plus riche à notre curiosité, à
« nos études, à nos méditations. Sa civilisation spiri-
« tuelle peut nous apporter des enrichissements, nous
« ramener à des simplicités et des charités que nous
« avons trop longtemps oubliées. L'ère des dédains et
« des pénétrations brutales, pour des fins de rapine et
« d'oppression, tire lentement à sa fin : « celle des
« échanges d'âme et de pénétrations de raison d'intel-
« ligence, de moralité, de bonté, s'ouvre enfin. Une
« moralité internationale peu à peu s'ébauche. Toute
« l'humanité puisera un jour aux mêmes sources
« morales, fraternellement. On ne peut indéfiniment
« retarder la montée des races dites inférieures vers
« l'égalité des droits et cette communion. L'universel
« mouvement d'émancipation les gagne et se déroule
« inexorablement. La famille humaine arrive aujour-
« d'hui à une conscience commune, à une identité
« d'aspirations, et l'on entrevoit le jour où il n'y aura
« plus ni races, ni peuples, ni individus, ni sexes sujets.
« La solidarité humaine cesse d'être un mot : elle tend
« à devenir une réalité. Tout effort pour la faire
« prévaloir est louable.

« Mais la première condition de progrès sincère
dans cette voie est la disparition des préjugés
« de race et de couleur si tenaces et qui ont leur
« racine autant dans la sotte vanité du blanc que dans
« son insondable ignorance. »

(Hovelaque la Chine page 13)

Ces idées sont celles de la raison. Elles se sont
progressivement substituées, depuis ces dernières
années, à celles qu'avaient mises à la mode le Dr.
Gustave Le Bon et M. Léopold de Saussure. En
somme, le différend qui divisait les partisans et les
adversaires de l'assimilation des indigènes reposait sur
un malentendu. Déjà au Congrès de 1889 M Wahl
« avait déclaré qu'il lui paraissait impossible de
« soutenir à priori que les sociétés humaines,
« lorsqu'elles ne sont pas de même sang, ne sauraient
« se pénétrer. »

On n'avait pas osé discuter ni nier ce principe.
On s'était contenté de faire ressortir les inconvénients
multiples de l'assimilation à outrance, l'assimilation
hâtive, dogmatique, **prématurée**. De tout temps,
les adversaires de l'assimilation se sont bornés à
reculer jusqu'à une époque indéterminée, en tout
cas fort lointaine, le moment où les sociétés indigènes
se seront transformées à notre image, sous l'influence
de l'éducation, des institutions ou de la civilisation.
Mais voici que de jour en jour l'expérience vient leur
donner un démenti. Le Japon s'est transformé depuis
un demi-siècle de façon tellement radicale qu'il peut
compter désormais au rang des premières puissances

du monde civilisé. La Chine évolue, elle aussi, au milieu, il est vrai, de troubles politiques déconcertants mais qui ne sauraient reculer indéfiniment le moment où ce grand pays entrera, lui aussi, dans la voie du progrès social. Quant à l'Indochine, ses fonctionnaires, ses mandarins, ses habitants de ville deviennent de plus en plus cultivés, l'instruction pour laquelle il reste encore beaucoup à faire, devient chaque jour plus étendue. Le nombre considérable des Annamites ayant subi avec succès les épreuves de nos examens universitaires, ou ayant satisfait aux concours d'accès dans les écoles du gouvernement permet d'affirmer que l'on peut tout espérer désormais, au point de vue intellectuel, des cerveaux annamites, et que si l'assimilation de la masse du peuple demandera encore un temps assez long, celle d'une **élite** nombreuse n'est plus une utopie mais une réalité désormais tangible.

Chapitre II

Paragraphe I.— ANNAMITES ET FRANÇAIS. SENTIMENTS RÉCIPROQUES DES DEUX RACES. DOLÉANCES DES INDIGÈNES. PLAINTES DES FRANÇAIS.— LE FONCTIONNARISME.

Les Annamites. — Leurs revendications.— On représente assez volontiers les Jaunes en général, et les Annamites en particulier, comme professant à l'égard des Européens qu'ils appellent « des diables rouges » des sentiments d'animosité et même de haine déclarée. Nous croyons sincèrement que cette opinion est exagérée. En tout cas, si ces sentiments ont pu exister au moment de la conquête, s'il y a encore entre les deux races de grandes dissemblances de mœurs, de tendances et d'aspirations, nous croyons que progressivement ces dissemblances disparaîtront ou s'atténueront, et que, même déjà, un grand pas a été fait vers la sympathie réciproque. Les Annamites comprennent notre supériorité. La meilleure preuve en est que, de plus en plus, ils cherchent à nous imiter, à adopter nos façons de vivre, à parler notre langue. Les unions libres ou régulières, entre Français et Annamites, plutôt rares il y a 25 ans, deviennent de plus en plus fréquentes. La guerre de 1914 a rapproché les deux nations. Une des principales revendications des Annamites consiste à réclamer des naturalisations plus nombreuses. Nous savons que ces demandes de naturalisation dissimulent souvent un simple besoin de tranquillité et la satisfaction d'intérêts purement matériels. Néanmoins elles constituent, dans leur ensemble, une preuve que nos sujets cherchent de plus en plus à fusionner avec nous et à se fondre en quelque sorte dans notre nationalité.

Et cependant, il est évident que les Annamites ne sont pas satisfaits : la lecture de leurs journaux suffirait pour nous en convaincre. Que demandent-ils? Que nous reprochent-ils? Quelles sont leurs aspirations, leurs revendications ?

Ces revendications sont nombreuses. Nous n'entendons pas les énumérer toutes. Nous voulons simplement essayer de discerner les causes principales du malaise actuel, les divergences de vues, le but poursuivi par les Représentants de la race soumise dans l'exposé de leurs doléances.

Tout d'abord, il importe de noter que les Annamites poursuivent un but plutôt **pratique** et matériel. Nous l'exposerons plus longuement en envisageant le problème politique. Cherchant avant tout à s'assurer une existence paisible et facile, leurs revendications visent généralement les points suivants.

1°) Ils se plaignent de **l'inégalité de traitement** qui existe entre Français et Annamites et aussi entre Chinois et Annamites, au double point de vue de la Justice et de l'Administration.

Au point de vue de la justice, ils observent qu'un Annamite n'est pas traité sur le même pied qu'un Européen, que les tribunaux appliquent plus

sévèrement la loi aux Annamites sujets français
qu'aux Français, qu'un délit ou un crime commis par
un Annamite est généralement plus durement réprimé
que s'il avait été commis par un de nos nationaux (1),
qu'enfin la constitution même des cours criminelles
qui ne comprennent pas d'assesseurs indigènes pour
un crime commis par un Français contre un Annamite ne leur donnent pas de garanties suffisantes.
Il est évident que de telles anomalies ne devraient pas
exister. Notons simplement le souci de plus en plus
manifeste de nos tribunaux de distribuer, dans la
colonie, sans distinction de race, une justice égale
pour tous, et les efforts des magistrats à réprimer
sévèrément les trop fréquents attentats commis par
des Européens sur des indigènes.

Au point de vue administratif, indépendam-
ment de la question de l'impôt, ils se plaignent d'être
l'objet d'une surveillance trop étroite de la part de
l'Administration, de mille vexations et tracasseries de
la part de leurs notables, de la part des Agents des
Douanes, des forêts, de la gendarmerie (2).

---

(1) Voir à ce sujet l'édifiante affaire de coups mortels
jugée par la Cour criminelle de Saigon en 1919. Crime
commis à la jumenterie de Qui-nhon (Annam).

Les débats en furent à la fois significatifs et attristants.

(2) Que dire de ce gendarme qui récemment dressait
procès-verbal pour *jeu de hasard* contre d'inoffensifs Annamites qui avaient joué quelques monnaies de billon au jeu
des «poissons combattants»? *Le matériel de jeu* consistait en
deux soucoupes et une natte?

Leurs doléances sont souvent fondées ; l'Administration gagnerait peut-être à être moins formaliste, moins routinière, plus libérale. **Quant** aux notables, leur recrutement est mauvais. Tout le monde en convient. Il appartient à l'Administration supérieure d'aviser et de faire disparaître les abus, les injustices la concussion en moralisant le recrutement de ces délégués.

Quant aux Chinois, leur situation dans la colonie est à tous les points de vue anormale et trop privilégiée. L'étude de cette question importante dépasse le cadre de ces notes. Nous reviendrons d'ailleurs sur l'animosité des Annamites envers les Chinois.

2°) Ils se plaignent du **manque de sécurité**. Les brigandages, les vols qualifiés de toutes sortes se multiplient de plus en plus à Saigon et dans l'intérieur des provinces. La propriété, les biens sont constamment menacés. Les sanctions prononcées par les Tribunaux sont insuffisantes ; la police est mal organisée ou inexistante. Ces plaintes sont en grande partie fondées. Sans doute. l'insécurité était peut-être plus grande encore avant notre installation dans la Colonie. Il nous reste cependant beaucoup à faire pour assurer la tranquillité du pays.

3°) Ils demandent à participer d'une façon plus effective et plus directe aux Assemblées électives. Cette question fait partie du programme politique et des promesses de M. Sarraut. Ce programme ne semble pas encore réalisé.

4°) Ils demandent une modification dans le régime de la naturalisation. Le nombre des Annamites naturalisés leur semble insuffisant. Il est certain qu'il est trop peu considérable. La naturalisation des Annamites en bloc est impossible à notre avis. La décréter serait contraire aux intérêts des indigènes. On doit cependant modifier la législation applicable en la matière et faciliter la naturalisation pour un nombre beaucoup plus grand d'Annamites. Remarquons que les indigènes, en formulant toutes ces récriminations, n'ont en vue, nous le répétons, que leur bien-être personnel et n'ont pas de visées politiques ou révolutionnaires. Ils comparent leur état à celui des Français : ils constatent chez ces derniers une situation de fait supérieure à la leur, plus d'aisance, plus de richesse même ; il leur semble qu'en raison des impôts qu'ils paient, des sacrifices qu'ils ont faits pour nous durant la Guerre, la différence est trop grande entre le simple dân plongé dans la vase, courbé sur la charrue, ou assujetti à des corvées dures et fréquentes, et le colon ou surtout le fonctionnaire européen. Si ces doléances ont quelque ressemblance, il faut l'avouer, avec celles que formulent les classes pauvres dans tous les pays du Monde, en général, à l'encontre des classes privilégiées, et se rapprochent des désidérata du programme socialiste, il semble cependant qu'un gouvernement soucieux du progrès doit les prendre en considération sans les ranger dans la classe des utopies qui conduisent inévitablement à la révolution et au bolchevisme.

Les Français.— Tandis que les Annamites désirent **avoir ce que possèdent les Français,** ceux-ci, incontestablement pourvus d'avantages supérieurs, ne sauraient professer des sentiments d'envie à l'égard des indigènes. A de très rares exceptions près, pas d'Européen en Indochine qui consentirait à troquer sa situation contre celle d'un indigène même favorisé par le sort. Quelles sont les idées que professent les Français à l'égard des Indigènes ? Tout d'abord, comme nous le disions plus haut, nous ne pensons pas que la généralité des Français **haïssent** l'élément indigène. C'est avec une satisfaction et une fierté intimes que récemment les Français d'Indochine ont lu le télégramme du Général GOURAUD exprimant au Gouverneur général de l'Indochine sa satisfaction pour la belle conduite au feu de nos petits tirailleurs annamites. Cet exemple de notre affection pour les indigènes n'est pas isolé. Sans doute, on proteste souvent contre certains défauts de la race soumise, contre la concussion indigène, la paresse des coolies, on peste contre les larcins des domestiques, la mauvaise cuisine du « bep ». Mais au fond, au retour d'un voyage en France, où la vie est désormais si difficile, quel est celui parmi les colons ou les fonctionnaires qui ne retrouve avec plaisir ses collaborateurs indigènes et avec joie son intérieur, sa domesticité annamite ? Beaucoup parmi les européens emmènent avec eux leurs domestiques en France ou s'assurent de leur services pour leur retour dans la Colonie. Les Annamites comprennent très bien cela ; ils sentent parfaitement que, derrière certaines brusqueries, se cache une vive sympathie pour eux, pour leurs enfants si éveillés et si gràcieux, pour leurs femmes et leurs filles, si souvent délicates, fines et enjouées. Donc point de haine. Cependant beaucoup d'Européens se plaignent des Annamites et des indigènes, en général ? Que leur reprochent-ils ?

D'abord et surtout, le Français craint non pas pour sa situation présente, mais pour sa situation **à venir**. Nous ne parlons pas du colon ou du commerçant, mais du fonctionnaire. Lorsque vous parlez à celui-ci des revendications des Annamites, de leur évolution, de leurs progrès intellectuels, quelle est la phrase qui **neuf fois sur dix** revient sur la bouche de votre interlocuteur ? C'est la suivante que nous reproduisons sous sa forme brutale ; « Oui, « c'est très joli de les instruire, de leur promettre « de belles choses, de fonder des Universités, des « Ecoles, etc...... mais c'est de cette façon qu'ils « arriveront à **nous mettre à la porte de l'Indo-** « **chine** ». Maintenir la prédominance de l'élément européen dans les emplois et les charges de la Colonie, voilà donc la grande préoccupation de beaucoup de Français. L'Indochine pour eux, sert uniquement à caser les fonctionnaires, à déverser en Extrême-Orient le trop plein du fonctionnarisme de la Métropole. En veut-on la preuve ? On n'a qu'à lire les passages suivants d'un article paru le 21 septembre 1922 **« Politique de Dupes »** : Il est une question sur

« laquelle l'Argus reviendra souvent. Elle constitue
« pour ainsi dire le pivot de son programme. Il s'agit
« de la nécessité de maintenir en Indochine non
« seulement notre puissance dans toute son intégrité,
« ce que personne ne conteste, mais **d'y conserver
dans la plus large mesure l'élément eu-
« ropéen.** Il semble que là dessus, l'Administration
« ait pris vis-à-vis de la masse indigène des engage-
« ments du moins tacites et quelque peu inconsidérés.
« Le mal remonte à notre actuel Ministre des
« Colonies et chacun a encore présentes à l'esprit les
« promesses retentissantes faites à la Pagode des
« Corbeaux...... D'ailleurs qu'a-t-on fait pour dissuader
« les Annamites du rêve plus que jamais caressé et
« dont la réalisation doit leur permettre, à plus ou
« moins brève échéance, de prendre la place des
« nôtres dans les divers services de la Colonie?
« Chaque jour, au contraire, chacune de nos actions
« ne tend-elle pas à les ancrer plus profondément
« dans cette croyance folle que demain ils seront seuls
« sur cette terre d'Indochine avec quelques vagues
« individualités investies d'un lointain contrôle au
« nom de la France, dominatrice de nom désormais ».

Ces reproches partent d'une idée fausse. En
traitant plus loin la question politique, nous envisage-
rons le rôle que nous avons à remplir en Indochine.
Coloniser n'est par **émigrer**. Nous ne sommes pas
venus uniquement en Extrême-Orient pour y écouler
des fonctionnaires. Il se peut que, dans un avenir
même rapproché, un assez grand nombre d'emplois

jadis remplis par des Français soient remplis par des Annamites. Le budget y trouvera probablement son compte. Nous ne pensons pas, en toute sincérité, que la France y perdra. Il existe, Dieu merci, assez de débouchés dans la Colonie pour que notre activité puisse s'y déployer, en dehors du fonctionnarisme.» Et d'autre part, en dehors des fonctionnaires, c'est-à-dire dans le commerce, l'industrie, l'agriculture, les Français trouveront-ils des rivaux de plus en plus sérieux dans l'élément annamite ? C'est possible. Mais n'est-ce pas là une nécessité économique et pouvons-nous nous y opposer ? Est-ce que le progrès, en général, n'est pas à ce prix ? Soyons donc justes vis-à-vis des indigènes et ne cherchons pas à leur disputer ce que l'on appelle dans d'autres pays « **la place au soleil** ». D'ailleurs, nous expliquerons, en envisageant l'avenir politique de la Colonie, que l'hypothèse d'une Indochine dont nous serions complètement expulsés par les indigènes est non seulement très éloignée mais même irréalisable.

Mais les Français ne craignent pas seulement pour eux-mêmes. Ils refusent aux indigènes les qualités nécessaires pour administrer le pays, pour remplir les fonctions et les emplois réservés aux Français. Ils leur refusent les qualités intellectuelles d'abord, les qualités morales ensuite. Au point de vue intellectuel, s'ils ont beaucoup à apprendre encore, les indigènes peuvent aspirer, selon nous, à remplir toutes les fonctions. L'époque à laquelle le cadre des Administrateurs et des Magistrats, par exemple, en le supposant composé de 300 ou 400 unités, comprendra le quart ou la moitié de fonctionnaires indigènes est-elle très reculée? Le fait se réalisera-t-il dans 50 ans, dans 100 ans? Personne ne peut le dire. D'ailleurs, les événements qui ont bouleversé le monde, au point de vue politique et social, durant ces dernières années, ne permettent de fixer aucun délai pour la transformation d'une nation.

Au point de vue moral, beaucoup de Français reprochent aux Annamites d'être menteurs et voleurs. Menteurs, ils le sont comme tous les faibles, comme tous les inférieurs. A mesure que la race gagnera en prestige et en dignité, la sincérité augmentera. Ils sont moins menteurs en Justice que certains Asiatiques notamment les Indiens. En France, il s'en faut que tous les témoins disent la vérité. Il faut beaucoup retrancher de la déposition d'un paysan, et, soit dit en passant, il faut encore plus retrancher d'un témoignage féminin, la femme mentant très souvent sans s'en douter.

Mais la concussion, la corruption sévissent actuellement, dira-t-on, de telle façon dans les milieux annamites que ce serait folie d'ouvrir toutes larges les portes de l'administration aux Indigènes, ce serait une **administration de voleurs** que l'on créerait ainsi. Il faut s'entendre. Certes la masse des fonctionnaires indigènes gagnerait actuellement à être moralisée, nous avons trop souvent sous les yeux des exemples fréquents de corruption, de concussion, de malversation pour le nier. Quand on parcourt les provinces, ne vous fait-on pas constater dans chaque canton que les plus belles habitations, les plus belle terres appartiennent à des fonctionnaires indigènes retraités dont les appointements ne pouvaient justifier de pareils achats, et dont la fortune a une origine plus que douteuse? En ouvrant certains dossiers, n'y trouve-t-on pas fréquemment la preuve de la collusion des notables avec les malfaiteurs, les véritables coupables achetant souvent, à prix d'argent, le silence des autorités? Nous reconnaissons que ces objections sont sérieuses, qu'elles peuvent faire réfléchir. Nous pensons qu'elles ne sont pas capitales. Dabord, si les compromissions et les attitudes louches de certaines notabilités nous ont souvent péniblement impressionné au point de nous donner en quelque sorte la **nausée** de cette classe d'Annamites, il faut reconnaître que ces exemples ne sont pas aussi fréquents qu'on veut bien le dire. La généralité des. délégués, des chefs de Canton, des grands notables reste honnête. En tout cas, la classe si intéressante des travailleurs et des **dâns** reste en dehors de ces faiblesses. Et puis, ces fortunes édifiées de façon scandaleuse ont-elles toujours une source aussi impure qu'on veut bien le dire? **Le pot de vin** sévit en Indochine, soit. Mais les cadeaux, les offrandes sont souvent la récompense d'un service rendu: pas toujours d'une compromission ou d'une illégalité. La classe des fonctionnaires indigènes pourrait être d'ailleurs moralisée (1º) par le relèvement des soldes; 2º) par le meilleur paiement de la police indigène 3e) par un sérieux contrôle des fonctionnaires.— A ce dernier point de vue, nous croyons que le système de la séparation des pouvoirs, combattu par les adversaires de l'assimilation, doit être maintenu et peut donner de bons résultats. Un notable indigène nous disait récemment que beaucoup de provinces éloignées réclament la nomination de ces juges de paix indigènes qui ont été créés par un récent decret et dont la surveillance constituera un contre-poids salutaire aux exactions de certains fonctionnaires provinciaux. (1)

---

(1) Au sujet des juges de paix indigènes en Indochine voir Mercure de France N° du 1er Juillet 1921— L'Auteur de l'article, M. Marcel COULON y déclare que cette création « constituera un premier pas qui mènera loin ».

Chapitre III

L'AVENIR POLITIQUE DE L'INDOCHINE

§ 1. — **La Souveraineté française.** — § 2. — Nature de la souveraineté de la France. — Le sol des Colonies constitue entre les Indigènes et nous un patrimoine solidaire.

§ I. — **La Souveraineté française.** — Sa légitimité.

C'est une opinion désormais surannée que d'envisager comme contraire au Droit toute entreprise coloniale quelle qu'elle soit. La colonisation n'est plus considérée comme le triomphe brutal et féroce de la force sur le droit. Les peuples doivent communiquer entre eux et ce serait une théorie égoïste et inadmissible que de soutenir que les peuples d'outre-mer ont le droit de se refuser aux bienfaits du progrès et de fermer de parti pris leur pays à l'influence de la civilisation occidentale. «Une race d'hommes dit M. Paul « LEROY BEAULIEU n'a pas le droit de faire « bande à part et d'inutiliser les territoires immenses « dont elle ne sait pas tirer parti. Il n'est ni naturel ni « juste que les civilisés occidentaux s'entassent indéfi- « niment et étouffent dans les espaces restreints qui « furent leur première demeure, qu'ils y accumulent « les merveilles des sciences, des arts et de la civilisation « et qu'ils laissent la moitié peut-être du monde à de

« petits groupes d'hommes ignorants, impuissants,
« clairsemés sur des espaces incommensurables, etc...»
Lorsque la France s'est établie en Indochine, sous
Napoléon III, en apparence pour protéger les mission-
naires persécutés, elle a obéi en réalité à un double et
légitime mobile : satisfaire aux besoins de **l'overpo-
pulation** qui entraîne les pays surpeuplés à émigrer,
ensuite apporter aux pays d'Extrême-Orient les bienfaits de notre civilisation. Ainsi, s'est opéré entre
le peuple colonisateur et le peuple colonisé un échange
de services et de bénéfices réciproques, échange
créant de chaque côté des devoirs et des droits. Les
Annamites commencent à comprendre tout cela. Ils
n'avaient pas plus le droit de s'opposer à notre expansion en Indochine que nous ne pouvons actuellement
nous opposer à ce qu'ils émigrent et viennent s'ins-
taller en France aussi nombreux qu'ils le voudront,
s'ils y trouvent un intérêt économique, matériel ou
moral. Ainsi, notre arrivée en Indochine, notre supériorité incontestable, résultant non pas tant de nos
conquêtes et du succès de nos armes que des avantages
que gagnait l'Indochine à notre établissement dans la
Colonie a créé en notre faveur une souveraineté
consacrée par des Traités passés entre le pays soumis
et la France. Mais comment s'exerce cette souveraineté?
Comment l'envisagent les Indigènes? Quelle sera sa
durée? Questions graves. Questions essentielles pour
nous, que nous n'avons pas la prétention de trancher
mais dont nous voulons seulement envisager et peser
les différents aspects.

§ 2.— **Nature de la Souveraineté de la France.**— Le sol de la Colonie constitue entre les Indigènes et nous un patrimoine solidaire.

Il importe tout d'abord de distinguer en Indochine entre la Cochinchine, le Cambodge, le Laos, le Tonkin et l'Annam. Sans doute, sur tous ces pays, nous exerçons une autorité gouvernementale et administrative puissante et étroite, mais, la Cochinchine seule étant **annexée,** et les autres pays étant simplement protégés, leur situation n'est pas identique et les aspirations de leurs sujets ne sont pas non plus tout à fait les mêmes.

En Cochinchine, nous ne croyons pas exagérer en disant que tout sentiment national a complètement disparu chez les indigènes depuis l'annexion. La masse des agriculteurs cochinchinois ne songe qu'à l'exploitation paisible du sol, à l'irrigation, à la diminution des impôts, à une meilleure, forme d'administration. Mais tout souci politique, toute préoccupation de la forme gouvernementale semblent s'être progressivement effacés. La plupart des Administrateurs que nous avons consultés à ce sujet ont été unanimes à nous déclarer que la masse des Annamites se désintéresse de tout mouvement révolutionnaire ou même simplement autonomiste. Il en est un peu différemment dans tous les autres pays de l'Union Indochinoise. Au Laos ce n'est que dans les territoires voisins de Luang Prabang que les Indigènes restent encore assez encore vaguement attachés au principe d'une royauté toute locale. Mais dans ce pays comme d'ailleurs au Cambodge, il semble que l'annexion pure et simple à la France de l'ensemble des territoires protégés pourrait être envisagée sans craindre de provoquer ni révolution ni même de simples soulèvements. En Annam, il est peut-être prudent de maintenir encore le protectorat et les souvenirs dynastiques sont encore assez puissants pour que nous ne songions pas à renverser la monarchie existante. Mais si dans l'ensemble de l'Indochine, existent quelques ferments révolutionnaires que nous ne prétendons pas nier et dont l'existence nous était révélée encore hier par la saisie par la Douane d'écrits séditieux, nous ne croyons pas que l'ensemble des Annamites aient des aspirations séparatistes bien déterminées ; en tout cas, ces aspirations ne visent plus la forme du gouvernement et n'ont point trait au principe de souveraineté de la France.

Il faut bien se pénétrer de ce principe que chaque Colonie doit être considérée comme une « petite France ». En ce qui concerne spécialement la Cochinchine, celle-ci ne demande qu'a être assimilée de façon complète à la France. Si l'on consultait la totalité de nos sujets Cochinchinois et si l'on lui proposait la naturalisation en bloc, elle l'accepterait. Où cela nous conduirait-il ? A une anarchie politique et administrative, du moins si nous procédions **immédiatement** à cette naturalisation en bloc. Mais supposons que dans un délai que nous ne pouvons déterminer, peut-être **cinquante ans,** peut-être **100 ans,** peut-être davantage, la presque totalité des Annamites de Cochinchine arrive à évoluer suffisamment pour qu'elle puisse être naturalisée. Que se passerait-il alors ? La Cochinchine cesserait-elle d'être la France ? Ne le serait-elle pas au contraire **davantage ?** Songerait-elle à se séparer de la Mère-Patrie ? Quel intérêt y aurait-elle ? En réalité la Cochinchine justifierait alors véritablement son nom de Cochinchine **française.** Ce serait vraiment une seconde France d'Asie. Et l'on peut même imaginer sans manquer de patriotisme, que cette France d'Asie pourrait se suffire à elle-même ; s'administrer elle-même, avoir son Parlement, ses finances, ses députés sans cesser d'être française. La France n'est pas limitée par des barrières territoriales. La France est partout où flotte le drapeau français. La Martinique, la Réunion et surtout l'Algérie ne songent pas à proclamer leur indépendance. Pourquoi en serait-il différemment de la Cochinchine ? Objectera-t-on que la Colonie de Cochinchine n'étant pas une Colonie de peuplement, les blancs y seront toujours en minorité ? Mais, outre que le nombre de métis augmente chaque jour, que nous importe que **les Français de Cochinchine** soient **des Jaunes s'ils ont le cœur français et s'ils servent bien la France ?** Et, même débarrassés de toute tutelle, délivrés de tout lien administratif, parlementaire ou financier avec la Mère-Patrie, cesseraient-ils de servir la France, si des échanges continuels entre la grande France, et la France-d'Asie, se produisaient si la France d'Asie nous envoyait encore ses produits.

développait encore notre commerce, nous prêtait l'appui de ses enfants en cas de guerre, constituait en un mot, une source continuelle de progrès et de prospérité pour nous? On a constaté que, depuis la proclamation de l'indépendance des Etats-Unis, certains ports anglais, tels que Belfast, loin de diminuer d'importance n'avaient fait que s'accroître progressivement? Tel ne doit-il pas être le but poursuivi par nos dirigeants en matière coloniale. Pourquoi refuser au gouvernement le droit de diriger l'Indochine, « désormais fille majeure.» vers une autonomie de plus en plus prononcée, alors que nul n'a contesté à la France le droit de **vendre** ou d'échanger une possession d'outre-mer lorsque l'opération paraissait avantageuse? Le pouvoir métropolitain agit en bon père de famille en liquidant une affaire devenue mauvaise ou en gérant un patrimoine de la façon la plus utile.

Telles sont les idées qui, selon nous, doivent dominer la politique coloniale moderne. Elles se relèvent sous une forme un peu atténuée dans le projet de **Parlement colonial** qui est l'œuvre récente de M. Charles Bernard. Ce dernier ayant constaté que la France avec 37 millions d'habitants comptait 610 Députés et 307 Sénateurs tandis que les Colonies avec 44 millions d'habitants n'avaient que 10 Députés et 4 Sénateurs s'est demandé s'il convenait de leur donner des députés en proportion du nombre de leurs habitants Il a conclu que ce serait folie, car notre Parlement serait inondé d'hommes de couleurs. Convient-il de doter nos possessions lointaines de gouvernements et de parlements locaux ? C'est le système britannique. C'est en somme celui vers lequel tend le discours de M. Sarraut; M. Charles Bernard n'en est pas partisan. Il propose une autre solution, plus conforme à notre tempérament national, dit-il : il propose la création d'un **Parlement colonial** où siègeraient les Représentants des possessions françaises. Évidemment, cette Assemblée coloniale ne saurait légiférer elle-même. Elle n'aurait qu'un caractère délibérant : mais qu'y aurait-il de changé en cette matière avec le système actuel ? Nos 16 députés coloniaux, en comptant ceux de l'Algérie, n'ont pas la prétention de légiférer à eux seuls ; ils proposent, et la Chambre entière dispose. Combien serait puissante, au contraire une assemblée de cinq cents députés coloniaux préparant à une grosse majorité telle réforme au sein de de leur assemblée ? Le Parlement national ne pourrait refuser une proposition ainsi étayée. L'avantage du système serait certain : tous les habitants de nos Colonies avec un Parlement colonial pourraient faire entendre leurs voix à la France et non pas seulement les fonctionnaires et les colons **mais encore des indigènes ;** tous auraient en France des délégués qui pourraient agir auprès des pouvoirs publics. En face de la méthode de fédération anglaise, si voisine du séparatisme, le système de M. Bernard serait une méthode française qui cimenterait l'unité nationale.— Nous n'avons pas l'intention de discuter la valeur du projet de Parlement colonial de M. Ch. Bernard. Relevons y simplement le souci d'accorder aux indi-

gènes une part de plus en plus grande dans l'Administration et même dans le gouvernement des pays
d'outre-mer.

Ce même souci se révèle non seulement dans
le discours de M. Sarraut du 27 Avril 1919. mais encore dans l'exposé des motifs du remarquable projet
de loi « **portant fixation d'un programme général de mise en valeur des Colonies françaises** » déposé sur le bureau de la Chambre dans la
séance du 12 Avril 1921, M. Sarraut y définit nettement le caractère, l'esprit et les buts de la politique
mercantile des premiers jours. « Elle voit. dit-il, en
« nos protégés quelle que soit la couleur de leur
« peau. quel que soit le retard de leur évolution, des
« **hommes** et non une masse anonyme et servile,
« des âmes et non des troupeaux d'ergastules, ou des
« éponges fiscales. Elle n'opprime pas. elle n'épuise pas,
« elle féconde: elle n'exploite pas ,elle protége. Elle affirme
« non plus seulement les droits de la nation colonisatrice
« mais les devoirs, et elle les inscrit même au premier
« rang. Mieux encore? A son effort civilisateur, elle veut,
« à mesure de leur capacité, associer ses protégés, les
« appeler progressivement à la gestion de leur pays,
« les habiliter par l'éducation à cette collaboration et,
« partageant avec eux les responsabilités comme les
« bénéfices, hausser leur conscience peu à peu éveillée
« et transformée jusqu'au sentiment lucide de leurs
« devoirs, des obligations qu'ils contractent envers nous
« pour l'accroissement, la garde et la commune défense
« d'un patrimoine solidaire. »

Soin et éducation des races, vaste décentralisation mettant fin à l'esprit d'uniformité qui, maintenu au Ministère des Colonies, a si longtemps retardé le libre épanouissement de nos possessions, et consécutivement, autonomie coloniale la plus large possible, tels étaient les projets du Gouverneur général de l'Indochine de 1919, tels sont ceux du Ministre actuel des Colonies qui n'a pas craint tout récemment d'attribuer aux Gouverneurs généraux, en fixant à cinq ans la durée de leurs fonctions, des pouvoirs plus étendus et partant plus d'indépendance, ce qui est un premier pas vers la décentralisation tant désirée. Quant au progamme lui-même: création des voies d'accès vers les centres de production et vers les ports. outillage des ports, augmentation de la productivité des régions exploitées, soit par l'irrigation soit par la culture mécanique, soit par l'exploitation scientifique, diffusion de l'hygiène, de la meilleure alimentation, de l'assistance médicale, amélioration de la main-d'œuvre, collaboration intéressée et **confiante** des populations etc . . . . . l'analyse en serait trop longue. Il tend **dans un délai de 10 à 15 années** à mettre nos colonies en mesure de décupler leurs productions et d'assurer pour un long temps leur richesse et leur prospérité, et partant, celle de la Métropole˙

Décupler la production d'un **patrimoine solidaire,** celui des indigènes et nous; Que l'on veuille retenir ces mots. Pour ceux qui, comme nous, ont vu progresser, prospérer, évoluer ce pays depuis 25 ans, qui ont assisté à la transformation en rizières

fécondes des immenses marécages. incultes de la **plaine des joncs**, un tel programme n'est pas un rêve. Il peut être **demain** une réalité. **Dix ans, quinze ans**, n'est-ce pas demain ? **Ce patrimoine solidaire,** il faut faire comprendre aux indigènes que ce sont nos efforts combinés qui peuvent seuls le faire valoir et les associer effectivement et non par des promesses toujours retardées à son exploitation. L'Administration supérieure de la Colonie est d'ailleurs de bonne foi et animée des mêmes sentiments que le Ministre. Dans son discours d'ouverture au Conseil colonial du **12** Octobre 1921, M. le Gouverneur Quesnel, après avoir rappelé les impatiences de la presse indigène locale qui, tout en protestant de son loya-
« lisme, ne voit pas toujours le danger de précipiter
« inconsidérément les étapes et de vouloir réaliser
« trop brusquement des espérances encore trop vagues
« et insuffisamment muries, proclame que nous
« sommes tous d'accord sur le but à atteindre et que la
«France ne renie rien des promesses qu'elle a faites à ses
« protégés. C'est dans cet esprit que **M**. le Gouverneur
« général Long fait étudier par les services **toute**
« **une série de réformes** qui seraient réalisées
« tour à tour quand leur heure sera venue et en tête
« desquelles figure la réorganisation du Conseil
« colonial sur des bases nouvelles par l'élargissement
« du collège électoral indigène et l'augmentation du
« nombre des Conseillers annamites de façon à assurer
« à la population Cochinchinoise une véritable repré-
« sentation de ses intérêts. C'est dans cet esprit
« également que le Gouverneur Général continuant
« l'œuvre de son prédécesseur attache une importance
« primordiale à l'organisation et au développement

« de l'enseignement franco-indigène ». Les Annamites prendront acte avec satisfaction de ces promesses. Qu'il nous soit permis d'espérer qu'elles ne resteront pas trop longtemps à l'étude avant d'entrer dans la voie de la réalisation. Trop souvent, les Ministres des Colonies prédécesseurs de M. Sarraut ont permis aux Indigènes des réformes **qui ne sont jamais venues.** Avec raison on les a comparés eux et leurs collaborateurs à ces soldats d'opérette qui clament éperdûment « **Marchons. Marchons.** » et qui demeurent obstinément à la même place. Le Ministre actuel semble décidé à entrer résolument dans la voie des réformes. Qu'il veille à la mise en œuvre de son programme. Sans anticiper sur le résultat de cette étude, rappelons qu'il y a **douze ans** exactement un projet de loi sur le statut des magistrats coloniaux a été déposé sur les bureaux de la Chambre, qu'il y a **soixante ans** exactement un projet de Code civil à l'usage des Annamites de Cochinchine a été proposé par M. Lasserre sans que ce travail et tous les projets subséquents aient été suivis d'aucune suite, d'aucune loi ni d'aucun décret ; que depuis près de 20 ans, le Laos est soumis à des lois pénales et civiles et à une organisation judiciaire, véritables défis au bon sens et à la logique, dont tout le monde reconnait l'imperfection absolue et qui constitue une source continuelle d'injustices à l'encontre de nos protégés laotiens ; qu'enfin dans l'ensemble de l'Union Indochinoise, nous ne sommes pas parvenus encore, depuis 60 ans, à organiser de façon satisfaisante l'état-civil, ce dont, en toute sincérité, nous devrions quelque peu avoir honte.

Chapitre IV

DÉFENSE DU PATRIMOINE SOLIDAIRE

§ 5.— **Les Chinois.**— Leur situation dans la Colonie.

La Chine traverse, en ce moment, une crise politique d'une gravité réelle mais qui, au fond, affecte beaucoup moins qu'on ne le croit la vie traditionnelle du pays. « Le pays, au fond, dit M. Hovelaque, « se désintéresse des questions intérieures autant que « des problèmes extérieurs. Toutes ces agitations qui « de loin sont les seules manifestations de sa vie ne « sont que de superficiels remous à la surface du grand « Océan immobile chinois. Sa véritable vie continue « à peu près inchangée sous cette écume. Ce qui le « montre, c'est, dans cette population de quatre cent « millions, le chiffre négligeable des combattants. « Toutes ces opérations à grands fracas sont conduites « par de petites armées où défilent toujours les mêmes « soldats et les protagonistes de ces luttes militaires ou « politiques sont toujours les mêmes. Une poignée « d'ambitieux mène la Chine inerte à l'abîme.

« La disparition de l'Empire qui semble un « évènement capital est sans véritable importance, il « suffit pour s'en rendre compte de se rappeler à quel « point il n'a jamais été qu'une façade plaquée le plus

« souvent par des barbares, sur l'invariable Chine.......
« Par comparaison avec les centaines de millions de
« Chinois qui vivent toujours leur vie ancestrale toute
« agricole et sédentaire soumise aux mêmes rites qu'il
« y a quatre mille ans, que sont les quelques milliers
« d'intellectuels révolutionnaires déracinés ? et que
« sont les surfaces de contact de ces masses avec les
« idées qu'ils veulent faire prévaloir ? Et surtout qu'on
« ne suppose pas qu'il y ait une ressemblance quel-
« conque entre la révolution chinoise et celle qui a si
« rapidement transformé le Japon. Celle-ci n'a pas été,
« comme on le croit, imposée du dehors, elle est le
« fruit inévitable d'une gestation intérieure ; elle ne fut
» pas la création subite de quelques idéologues mais
« le produit du vaste et lent travail séculaire de tout
« un peuple martial, uni, conscient et consentant,
« animé du plus ardent patriotisme qui fut jamais et
« qui voyait clairement que le seul moyen de garder
« son indépendance était de se mettre à l'Ecole de
« l'Occident.

(Hovelaque. — La Chine, page 267).

La révolution chinoise, si elle n'a pas entraîné
un bouleversement capital dans l'état intérieur de la
Chine a encore moins modifié la situation des Chinois
en Indochine. Ceux-ci poursuivent dans ce pays leur
œuvre lente et patiente de pénétration. Au Cambodge,
les Chinois sont près de 150.000. Ils sont tellement
privilégiés et puissants qu'on a pu dire que le Cambodge était une Colonie Chinoise « Administrée par
les Français ».

Au Siam, ils ont été assimilés politiquement et socialement si bien que le Chinois ethniquement pur est un mythe ; (les Siamois nous. donnent, semble-t-il, sur ce point une leçon dont nous pourrions agir envers les Annamites).

En Cochinchine, ils détiennent presque tout le commerce, une grande partie de la richesse publique et une notable partie des immeubles de Saigon. Juridiquement, leur situation est privilégiée non seulement vis-à-vis des Annamites mais même vis-à-vis des Français, situation qui fut soumise, voilà presque 18 ans (Marchons. Marchons.) à une commission dont nous fîmes partie, présidée par M. de Lanessan et qui ne parvint, semble-t-il, à aucun résultat positif.

Mais ce peuple chinois actif, travailleur, économe, poursuivant avec calme son idéal d'accaparement commercial et économique, quels sentiments professe-t-il à l'égard des Japonais d'abord, à l'égard des Annamites ensuite, enfin à l'égard des Français ? Et quels sont d'autre part les sentiments des Japonais et des Annamites vis-à-vis des Chinois ?

Les Japonais qui viennent de déposséder la Chine du Chantoung, (la province où Confucius est né) non seulement détestent mais même méprisent les Chinois. Le journal japonais de Tien-tsin écrit les lignes suivantes sans aucune poursuite : « En tant que race, les Chinois sont des esclaves-nés. Même les chiens et les porcs n'en voudraient pas. En tant que race, les Chinois sont une collection d'êtres bons à rien,

ou plutôt ils sont les ennemis communs de l'humanité.
«Pour le bien du monde, nous, grand peuple japonais,
« devrons cesser de. les regarder comme des êtres
« humains On aurait dû, il y a longtemps, les extirper
« de ce monde » Les Chinois se rendent compte des
sentiments des Japonais à leur égard et les quelques
Chinois capables d'embrasser l'ensemble de la situation comprennent que, menacés par le Japon et
en antagonisme aussi avec certaines puissances européennes, leur seul recours serait peut-être de s'adresser
aux Etats-Unis eux-mêmes, en lutte ouverte avec le
Japon « Des puissances, dit M. Hovelaque, ils redou-
« tent tout. Ils se tournent vers les Etats-Unis comme
« vers le seul et faible espoir qui reste. Certes ils ne
« croient plus au Président Wilson depuis que le
« Chantoung a été livré au Japon. Mais des intellec-
« tuels américains leur vient quelque réconfort. Des
« hommes de la valeur de John Dewey, le célèbre
« philosophe, se rendent en Chine pour étudier les
« choses sur place et se déclarent entièrement favo-
« rables aux revendications chinoises. »

Donc haine du Japonais pour le Chinois, et
sentiment semblable de ce dernier pour le Japonais.

Quant aux Annamites, leur haine pour le
Chinois est séculaire. Pendant 10 siècles, les Annamites ont vécu sous la domination chinoise. Ils s'en
sont progressivement affranchis pour former une
nation spéciale et bien homogène. Les intérêts de
deux races sont absolument opposés. Economiquement,
les Annamites reprochent aux Chinois de drainer

tout l'argent de la Cochinchine par leurs prêts usuraires sur récolte et d'accaparer tout le commerce de la Colonie. Les évènements qui se sont passés en Indochine durant ces dernières années et le mouvement anti-chinois que nous avons eu quelque peine à enrayer sont symptomatiques. Aucune sympathie n'existe entre les deux races et au cas d'une guerre entre la France et la Chine, il est **bien certain** que les Annamites seraient avec nous.

Quant aux sentiments des Chinois pour nous, il **est certain** que l'Empire du milieu se méfie de nous comme de toutes les puissances européennes. Sa crainte continuelle est un démembrement et un partage entre les diverses nations.

La guerre possible de demain.— Que nous réserve l'avenir au point de vue de la paix mondiale ? Que sortira-t-il de la prochaine conférence de Washington ? Il est fort difficile de le dire. Mais si une guerre, peut-être plus terrible que toutes les guerres connues, éclatait demain, ce serait, semble-t-il, une guerre entre les Etats-Unis et le Japon.

Le Japon est devenu terriblement puissant. Sans parler de la conquête économique de la Chine, il s'est annexé le Chantoung, pays aussi étendu que la France, puis la Mandchourie et bientôt sans doute la Sibérie, le lac Baïkal et Wladivostock, régions riches en mines, forêts, charbons et pétrole. En peu de temps, les Japonais sont devenus les vrais maîtres de l'Asie. La surpopulation du Japon (densité 389 habitants par kilomètre carré) a provoqué une très forte émigration que les Etats-Unis ont déjà enrayée chez eux et veulent enrayer en Chine, en Sibérie et dans le Nord de Sakaline.

La grande Bretagne qui a un traité d'alliance avec le Japon et que la distance met à l'abri des invasions ne verrait aucun inconvénient à l'expansion de la race jaune. Il en est tout autrement de ses Dominions : Canada, Australie, Nouvelle-Zélande, Afrique du Sud. Ils partagent absolument les sentiments des Etats-Unis et ne veulent à aucun prix d'une invasion jaune.

Cette guerre de demain entre le Japon et les Etats-Unis sera-t-elle, comme le suppose Gustave **Le Bon**, une guerre de races, une guerre entre les Jaunes et les Blancs? Les Chinois marcheront-ils avec les Japonais? Les Annamites eux-mêmes, se laisseront-ils entraîner et marcheront-ils à côté des Chinois qu'ils détestent et contre lesquels ils ont lutté pendant des siècles ? Il est bien difficile de répondre à toutes ces questions comme à toutes celles qui concernent la politique future du monde entier. Mais enfin, ne serait-il pas prudent, de toute façon, de cimenter par tous les moyens possibles notre union avec les Annamites et de nous faire de ceux-ci des Alliés au cas où la conflagration universelle nous forcerait à entrer nous-mêmes dans la lutte ? Parmi ces moyens, le plus efficace n'est-il pas, sinon, **la naturalisation** en masse du moins **une naturalisation progressive** de plus en plus facile et qui créerait dans notre Colonie un noyau de **citoyens français** de plus en plus nombreux ? M. SARRAUT a beaucoup parlé dans son discours du « **Citoyen annamite** ». C'est une idée ingénieuse mais nous pensons que cette conception n'est qu'un acheminement vers une idée plus juridique, plus réelle, plus féconde, celle de **l'Annamite citoyen français**. En Algérie, le decret, tant discuté du 24 Octobre 1870 (decret Crémieux) en naturalisant en bloc les indigènes israélites, n'en a pas moins eu pour résultat de donner à la France en bloc 35.000 nouveaux citoyens environ.

En Indochine, et surtout en Cochinchine, il est permis de se demander si politiquement, nous n'aurions pas intérêt à favoriser, plus que nous ne le faisons aujourd'hui, des demandes de naturalisation d'une race qui ne manifeste pas comme la race Arabe une sorte de répugnance pour la naturalisation qui a pour résultat de soustraire le mulsuman à la législation dérivée du Coran.

En tout cas, soit par la naturalisation, soit par tout autre moyen d'assimiliation progressive, il semble que nous ayons intérêt à créer un lien de plus en plus solide entre les Annamites et nous pour la défense future de ce **patrimoine commun** qui peut constituer pour nous, en Asie, ce que Prévost Paradol appelait « la dernière ressource de notre grandeur.»

DEUXIÈME PARTIE

Chapitre V

LA JUSTICE EN INDOCHINE

Ce que pensent les indigènes de notre Justice. — Justice pénale. — Justice civile. Celle-ci n'est plus en rapport avec l'évolution de la race annamite. — Réformes à accomplir.

L'œuvre accomplie par le pouvoir judiciaire en Indochine depuis la conquête est considérable. Une organisation judiciaire, plus complète et plus homogène que dans n'importe quelle autre colonie, a été créée. Une jurisprudence malheureusement contradictoire et confuse sur bien des points, mais témoignant d'un effort sérieux et continu de nos magistrats a été édifiée. Les indigènes ont confiance dans notre justice. Le nombre de plus en plus considérable des procès civils en témoigne.

En matière pénale, tribunaux correctionnels et cours d'assises fonctionnent normalement. Les décisions de nos cours criminelles sont souvent critiquées. Ces critiques ne sont pas toujours fondées. On trouve nos Juges trop indulgents. Ils ont simplement le tort **d'être juges** et de ne vouloir condamner qu'à bon escient. Ce n'est pas le procès de la justice que l'on devrait faire, mais plutôt peut-être celui de l'Administration qui n'a pas su donner au pays, depuis plus de soixante ans, la sécurité à laquelle il avait droit. Cette question de **l'insécurité** de la Colonie est évidemment très grave. Les vols qualifiés se multiplient... Dans certains villages, il n'y a pas de semaine sans qu'un acte de brigandage ne soit commis. Ces vols désormais presque toujours perpétrés par des malfaiteurs armés de fusils européens, découragent · les populations qui ne peuvent plus posséder en paix ni meubles ni troupeaux. Cette recrudescence des attentats contre les personnes et contre les biens n'a point pour cause l'indulgence excessive des juges. Elle provient de ce que les forces de police dans les villages sont insuffisantes, les notables chargés de la répression mal recrutés, peu ou point rétribués. On dépense dans la Colonie beaucoup d'argent sans se préoccuper suffisamment de la sécurité. A ce sujet, les doléances des indigènes sont pleinement justifiées. Le tableau qu'a tracé de la piraterie au Cambodge notre ami, le Dr PANNETIER, pourrait s'appliquer à la Cochinchine et les lignes suivantes sont vraies pour les deux pays :

« Au temps où je vaccinais dans les brousses, « à chacune de mes étapes quotidiennes, je voyais « apparaître, presque régulièrement, dans le groupe « suppliant des consultants qui se présentaient à ma « visite, le lot des récents piratés plus ou moins « grièvement blessés et fracturés. « Comment, m'ob- « servait, un jour, l'un d'eux, l'honnète homme lutterait- « il contre le malfaiteur, le cerf contre le tigre ? » « Comment le simple brave homme, inoffensif, désar- « mé, uniquement soucieux d'élever ses enfants — « l'honnète cellule sociale — pourrait-il résister ! « Comment oserait-il se mesurer avec l'impudent, le « malandrin, le repris de Justice !

« En vérité, le travailleur, le producteur, par
« tout pays, a grand besoin d'être protégé, d'être
« défendu contre le parasitisme destructeur. Ici,
« devant l'inégalité de la lutte, il s'est résigné, il a
« composé, une chronicité s'est établie, et c'est ainsi,
« par la force des choses, que la plupart des actes de
« violence, de piraterie — cette autre plaie chronique
« du Cambodge — peuvent échapper à toute sanction,
« et même demeurer à jamais inconnus de l'autorité
« française ! Un administrateur nouveau dans le pays,
« ignorant le milieu indigène, manquant de contact
« direct avec la population, peut de la sorte affirmer et
« au besoin démontrer officiellement, — avec la plus
« entière bonne foi, — que tout marche très bien dans
« sa province. Comment entendrait-il les lamentations
« qui s'élèvent de tous les villages,... aussitôt étouffées
« sur son passage ?

« Un exemple entre mille, pris dans la vie
« courante, des conséquences sociales de l'insécurité
« des campagnes. Un paysan veut faire cette chose
« élémentaire, vendre une paire de bœufs ; loin d'aller
« droit au but, au lieu d'agir directement et sur place,
« voici quelle sera à peu près sa façon d'opérer :

« Tout d'abord, il commencera par taire
« expressément la nature de son projet : attendant
« une occasion, choisissant un prétexte, il filera un
« beau jour dans une contrée éloignée en emmenant
« ses animaux ; la vente réalisée, à son retour, il se
« taira encore, niera au besoin, imaginera tel conte
« propre à dérouter les soupçons, bref, fera en sorte

« de ne laisser percer que le plus tard possible la
« vérité sur son opération-commerciale. Tout ce long
« manège, cette perte considérable de temps n'auront
« eu qu'un seul objet : empêcher ce malheureux d'être
« dépouillé aussitôt du produit de sa vente, lui laisser
« le temps d'enfouir son pauvre trésor.

« On relèverait des faits de ce genre jusqu'aux
« portes de Pnom-Penh. Pour découvrir d'ailleurs
« semblables cachettes, il restera aux pirates la res-
« source de « chauffer » l'habitant, ce dont ils ne se
« privent guère depuis quelque temps. Même les
« bonzes dans leurs pagodes, les chefs de bonzerie,
« gardiens désintéressés de ces touchants dépôts, ne
« sont plus épargnés. Symptôme extrêmement grave,
« dont on ne saurait trouver quelque équivalence que
« dans les temps les plus misérables de l'Histoire
« cambodgienne !

« Devant notre impuissance à supprimer la
« piraterie, il est bien certain que les autorités locales
« indigènes ont tout intérêt à nouer des intelligences
« avec les pirates, au lieu de les combattre. Comment
« leur en faire un reproche ? Et n'avons-nous pas vu
« maintes fois les prisons laisser échapper leurs plus
« célèbres détenus ? Quoi surprenant aussi, dans ces
« conditions qu'il existe de véritables contrats d'assu-
« rance contre la piraterie passés entre les bandes et
« certains habitants, des Chinois notamment !

« Cette situation navrante est fort heureuse-
« ment quelque peu tempérée par l'ambiance, la nature
« du climat, la richesse naturelle du milieu (vrai
« pays de Cocagne), et aussi le tempérament doux et
« indolent des habitants, — y compris parfois les

« pirates eux-mêmes : il arrive que des colloques
« s'établissent entre pirates et piratés, où ceux-ci
« n'essaient pas toujours en vain de faire appel à la
« pitié des premiers. »

(D' Pannetier — Au cœur du Pays Khmer — Page 67).

Au point de vue civil, malgré tous les efforts
de la magistrature locale, le mal est peut-être encore
pire. Nos juges ont le mérite incontestable d'être
intègres et la plupart s'acquittent avec conscience de
leurs fonctions. Mais ils se heurtent, malgré toute leur
bonne volonté, contre une jurisprudence hésitante,
des décisions de cour d'Appel contradictoires, aucune
loi écrite précise. C'est le **chaos**. Que l'on ne taxe pas
notre appréciation de pessimisme. Les lignes qui
suivront justifieront, croyons-nous, cette appréciation.

D'ailleurs un magistrat lui-même dont nous
aurons parfois à étudier les travaux, M. Camille
BRIFFAUT, signale dans le Journal Judiciaire de
l'Indochine, organe quasi-officiel, numéro de mars
1922 (page 85) les incertitudes de plus en plus grandes
de la magistrature au sujet des règles et des principes
juridiques qui guident la vie civile du peuple annamite.

A cette incertitude de la jurisprudence sur les
points les plus essentiels du droit civil vient s'ajouter
une autre cause de troubles et d'erreurs dans l'application de la loi : cette loi, que ce soit le code de Gia-
Long ou celui des Lê que l'on applique (personne
n'est d'accord à ce sujet) cette loi n'est plus en rapport

avec la société annamite actuelle. Point d'une extrême gravité et qui demanderait un volume pour être développé : ni la copropriété familiale, ni les droits de la veuve usufruitière, ni le huong-hoa, ni la façon de tester, ni la contrainte par corps, ni la preuve testimoniale tels qu'ils ont été envisagés et traités par le droit annamite ne sont appropriés à une société qui évolue tous les jours et dont nous accentuons l'évolution. De plus en plus, cette société nous apparaît comme un fossile dont le droit chinois millénaire formerait la carcasse, et que l'on s'efforcerait de parer des oripeaux brillants de notre civilisation. Que doit faire le juge pour concilier ces deux antinomies ? Que devra faire surtout le législateur le jour où l'on se décidera, sinon à codifier les coutumes et les lois annamites, du moins à fixer dans un précis de législation, les points de droit les plus indiscutables? La réponse est difficile, et il semble que seuls nous ne pouvons la résoudre, en raison des traités. Les Annamites devront aussi être consultés.

En attendant cette réforme tant souhaitée de la codification, les procès continuent à être l'objet de continuels revirements dans la façon de juger qu'exploitent à plaisir les agents-d'affaires, véritable plaie du pays. Le jour où l'on se déciderait à édicter la prescription en matière civile, la moitié des offices d'avocat fermerait en Indochine.....

Nous allons examiner, et très rapidement, les questions qui demanderaient à être tranchées une fois pour toutes dans un decret concernant la justice civile indigène. Nous étudierons successivement :

1° La Copropriété familiale.

2° Le régime matrimonial, la veuve usufruitière.

3° La prescription.

4° La contrainte par corps.

5° La solidarité en droit annamite.

LA COPROPRIÉTÉ FAMILIALE

Chapitre VI

La communauté de biens est l'état légal de la famille Annamite tant que n'est pas rapportée la preuve juridique d'une séparation d'intérêts pécuniaires. Le Chef de famille est maître absolu de son patrimoine. Il peut exhéréder ses enfants par testament. Les enfants du vivant de leur père ne possèdent, en thèse générale, rien qui leur soit personnel. L'inscription d'un fils au bộ du vivant de ses parents n'établit pas non plus une présomption de propriété personnelle pour cet héritier et ne lui confère aucun droit individuel. Tels sont les principes du droit annamite reconnus et consacrés par la jurisprudence.

Cependant M. BRIFFAUT, Conseiller à la Cour de Hanoi, écrit dans sa note sur la loi annamite à travers la jurisprudence : J. J. de l'Indochine Mars 1922 page 87.

« En Cochinchine, une jurisprudence invariable
« a admis, selon l'esprit du Code de GIA-LONG,
« article 82, que la famille était constituée sur la
« formule du clan communautaire : la séparation des
« branches devant être considérée comme une déro-
« gation au principe. — Cour Saigon, 5 Mars 26,
« Journal judiciaire p. 312 — 25 Mars 24, p. 292 —
« 20 Août 96, p. 506.

« A quoi donc pourra désormais servir la
« majorité civile, telle qu'elle résulte du décret de 1883?
« En effet les enfants, dit l'article 82 du Code de
« GIA-LONG, ne peuvent rien posséder en leur nom
« personnel du vivant de leurs parents, ils doivent
« vivre autour de leur aïeul et sous son autorité.

« La Cour de Saigon décide donc que la terre
« obtenue en concession ou acquise par un fils de
« famille, eût-il un domicile séparé, est la propriété du
« clan dont son aïeul est le chef — 24 nov. 92 J. Jud.
« 93, p. 202 - 15 Déc. 92 J, Jud. 93, 363 — 15 janv.
« 92, p, 379 — 5 mars 96, p, 312 — 9 avril 96, p.
« 408 — 27 fév. 96, p, 274 — 29 Oct 96, p. 101 —
« 5 sept. 97. J. Jud. 98 p. 77 — 23 sept. 97 J. Jud.
« 98 p. 156 — 1er fév. 1904, p. 224 — 7 sept. 93.
« Penant 94 — 614 p. 359 — 15 sept 94. Penant 95 p.
« 309 — 25 janvier 94, 614, 99, 1291. p. 65.

« Le nombre des arrêts est infini.
« Pourquoi pareille résistance de la part du peuple ?
« C'est que la coutume annamite pas plus que la loi
« des LÈ ne connaissent la vie communautaire en
« clans patriarcaux.

« La lecture de l'article 2 du code des LÈ, qui
« fixe la constitution sociale du peuple ne fait aucune
« allusion à la vie communautaire dans son paragra-
« phe sept, contrairement à l'article 2, VII du Code
« de GIA-LONG.

«De même l'article 39 du Code des LÊ se garde
« bien de faire allusion à cette vie communautaire
« alors que pour tout le reste de la disposition qu'il
« édicte à propos de l'esprit de solidarité dans la
« famille, il reproduit textuellement l'article corres-
« pondant du code communautaire des TRANG
« chinois. — N'est-ce point topique ? Or l'article 31
« du Code de GIALONG sur le même sujet est au
« contraire la copie du Code des TRANG et du Code
« des TSING.

« Quant à la coutume Tonkinoise, elle ignore,
« selon mes constatations personnelles, la vie commu-
« nautaire en clans patriarcaux.

« Voilà cependant la famille annamite de
« Cochinchine placée dans l'obligation de se soumettre
« au concept du clan, par la seule volonté d'une
« jurisprudence aveugle, et malgré l'esprit d'insou-
« mission des justiciables.

« Mais voici une conséquence inattendue du
« pouvoir patriarcal, tel que l'entend la jurisprudence:
« Le fils ayant un domicile séparé, a fait inscrire un
« terrain au registre foncier à son nom personnel ;
« puis il a consenti une hypothèque conventionnelle
« sur ce terrain — Au moment de l'exécution de
« l'obligation, le clan intervient par le procédé que
« révèlent deux arrêts :

« L'inscription, au dia-bô d'une terre ne cons-
« titue qu'une présomption de propriété, qui tombe
« devant la preuve rapportée que le possesseur
« apparent n'est pas le propriétaire : le fils est posses-
« seur en vertu d'un acte de partage familial ; mais en
« vertu de la théorie jurisprudentielle du clan, ce
« partage est toujours révocable par le chef de clan
« qui l'a consenti. Cette révocation fait donc rentrer la
« terre en la propriété du clan et, dit l'arrêt de Saigon,
« 28 janvier 1912, p. 275, doit être annulée et rayée
« l'hypothèque prise sur lui.»

Décidément où en sommes-nous ? Et qui a
raison de M. BRIFFAUT ou de la Cour d'Appel de
l'Indochine ? Nous croyons que c'est plutôt la Cour
d'Appel. Il ne faut pas accepter sans réserve toutes les
théories de M. BRIFFAUT. M. BRIFFAUT est un
terrible démolisseur, et, ce qui est grave, il démolit
sans réédifier. N'importe, c'est un analyste parfois
subtil et certaines de ses pages, surtout celles qu'il a
écrites durant ces dernières années, méritent examen.
Ce que nous soutenons, sans entamer au sujet de sa
théorie une discussion qui serait trop longue, c'est que,
même le principe de la copropriété familiale serait-il
à bon droit consacré par la jurisprudence comme une
vérité intangible en droit annamite, ce principe, mal
adapté à la société actuelle, conduit à des conséquences absolument fâcheuses à de multiples procès
profondément injustes, qu'il est contraire à la liberté
des transactions, au principe même de l'évolution.

Ah certes ! le principe de la copropriété familiale en pays d'Annam ferait la joie des LE PLAY et Charles MAURRAS. Et ces auteurs, le premier parlant surtout au nom de l'autorité paternelle, le second au nom du droit d'aînesse et de la consolidation des patrimoines, pourraient, à leur point de vue, comparer avantageusement en apparence. la société annamite, telle qu'elle est assise dans nos arrêts, à nos sociétés modernes, si libres du joug ancestral et si individualistes. Mais cette comparaison n'est point de saison. En fait, la société annamite en arrive progressivement à ressembler de plus en plus à la nôtre. Le lien qui resserrait jadis si étroitement autour du chef de clan les membres de la cohérie se relache de plus en plus. Les terres se morcellent. L'exode des enfants, hors du patrimoine désormais trop étroit pour leurs besoins, ne fait que s'accentuer. Les fils quittent le père, s'établissent ailleurs, travaillent isolément. Leur contester un droit de propriété individuelle devient une absurdité. Mieux que des phrases, quelques exemples choisis parmi les milliers de procès lamentables auxquels peut pousser le principe de la copropriété familiale admis sans réserve, feront mieux ressortir nos critiques :

1° Voici deux fils possédant depuis des années une importante propriété, toute en riches rizières bien cultivées. Ce patrimoine leur a été légué par leur père, qui le tenait lui-même de leur grand-père. Ce dernier est inscrit sur le registre foncier depuis plus de soixante ans. Les petits-fils pouvaient se croire désormais propriétaires définitifs de leurs biens, à l'abri de toute revendication de la part des tiers. Il n'en est rien.— Un agent-d'affaires véreux guettait ce patrimoine.— Il a appris par des bruits plus ou moins fondés, quelquefois même, il a purement imaginé que le grand-père n'avait pas eu seulement un fils, mais aussi une fille. Celle-ci est décédée depuis longtemps. Elle n'a jamais rien réclamé. Il est infiniment probable que, si elle a réellement existé, elle a reçu sa part dans un de ces partages entre frères et sœurs, par lesquels, il est d'usage de donner aux filles non des terrains mais des bijoux et un peu d'argent pour s'établir. Cette fille a eu ou est censée avoir eu deux enfants. L'agent-d'affaires va trouver ces derniers qui ne songeaient nullement à un procès et il leur révèle leurs prétendus droits successoraux. L'affaire est tentante. Il faut trouver un bailleur des fonds qui fasse les frais du procès. Quatre ou cinq cents piastres suffiront. On les trouve aisément. C'est ici que commence une **inimaginable** procédure d'accaparement.

On commence par établir une **généalogie.** C'est la pièce fondamentale, la cheville-ouvrière du procès. Elle n'est pas coûteuse. Sur une feuille de papier timbré, on établit une filiation plus ou moins exacte dont voici le shéma.

GÉNÉALOGIE

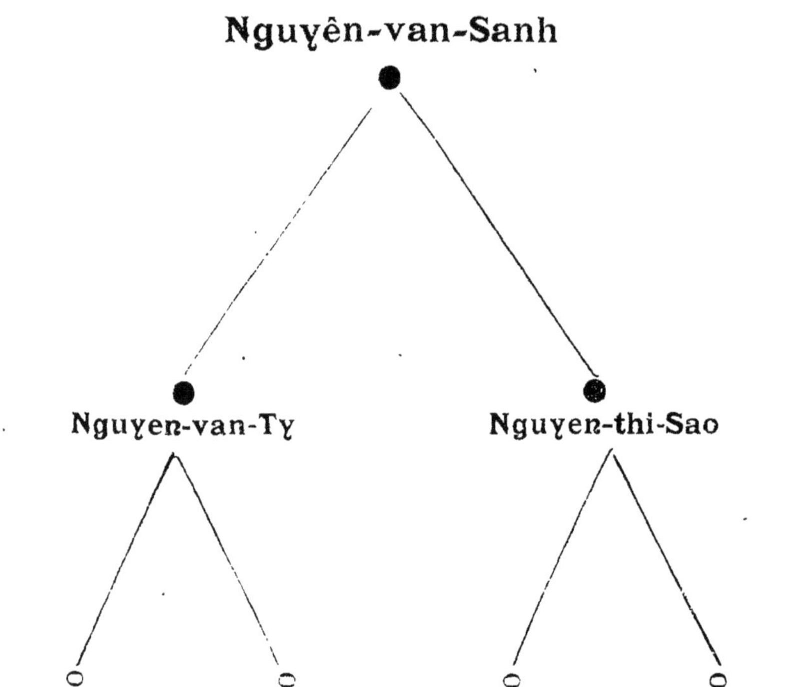

Trois vieillards du village de Tân-nhut-Dong :

Nguyên-van-Cu, âgé de 78 ans ;
Dao-van-Tinh, âgé de 95 ans ;
Dao-van-Quyên, âgé de 82 ans.

Ont certifié exacte la présente généalogie.

Le Maire a certifié exacte la signature
des trois vieillards.

Le Maire : **Nguyên-van-Buu.**

Généralement les vieillards, dont la mémoire doit être plus qu'infidèle en raison de leur grand âge sont payés pour certifier une descendance dont ils ne connaissent pas le premier mot. Une somme de cinq à dix piastres suffit pour acheter chacun d'eux et rafraichir leurs souvenirs. Nous avons fourni ci-dessus un exemple de généalogie plutôt simple. Mais elles sont parfois très compliquées et comprennent souvent de 80 à 100 noms. N'importe. Chacun de ces vieillards **qui serait peut-être fort embarrassé pour donner le nom de son propre grand-père** va se souvenir sans hésitation du nom de ces 80 cohéritiers et certifier qu'ils descendent tous de l'auteur commun ! On produit la généalogie en justice en soutenant, au nom de la copropriété, familiale que les biens n'ont jamais été partagés, que les nommés Nguyên-van-Giao et Nguyên-van-Bup fils de Nguyên-thi-Sao ont droit au partage de l'hérédité. Le procès est engagé. Que va faire le juge ?

Il va se trouver fort embarrassé. Si la Généalogie n'est appuyée par aucun commencement de preuve, par aucun acte de l'état-civil, il peut et il semble même qu'il **devrait** débouter de **plano** les demandeurs. En dehors de la fragilité de leurs allégations, il y a surtout contre eux la longue possession des défendeurs et on pourrait invoquer en faveur de ceux-ci la prescription. Mais la prescription en droit annamite, que nous étudierons plus loin, est niée par de nombreux arrêts. Le juge hésite. Souvent il ordonne une enquête par le Chef de Canton ou le Délégué administratif. Désormais la situation des malheureux défendeurs est à la merci des pires surprises. Cette enquête, portant sur des faits remontant à plus de trente ans, faite souvent à coup d'argent, peut aboutir à la spoliation des légitimes propriétaires du terrain En définitive, sous le prétexte de respecter le principe de la copropriéte familiale, les bases de la propriété individuelle, sont journellement ébranlés. Aucune sécurité pour les propriétaires fonciers en Indochine qui, du jour au lendemain, peuvent se voir dépouillés de tout leur avoir.

2° Un Individu a acquis par acte authentique régulier certifié par les notables, un terrain qu'il croit, de **bonne foi**, appartenir à son vendeur. Au bout de 10, 15, 20 ans survient un prétendu parent : frère, cousin, oncle ou neveu du vendeur. Excipant du fait qu'il n'y a pas eu partage, il attaque la nullité de la vente. En vertu du principe de la copropriété familiale, le tribunal lui donne souvent raison. Vainement, l'acquéreur alléguera sa bonne foi. Le Tribunal lui répondra : « Vous ne deviez pas ignorer que les biens étaient indivis. Vous deviez vous renseigner.» L'extrait du registre de la propriété foncière est souvent muet ou incomplet. Les notables, ignorant la situation réelle des vendeurs, ou complices de ces derniers, pourraient être pris à partie par l'acheteur. Recours le plus souvent illusoire. Les tribunaux hésitent à consacrer la responsabilité des notables.

Ils accordent parfois à l'acquéreur de bonne foi le remboursement du prix. Mais de telles décisions sont assez rares. Nous croyons que la situation des tiers acquéreurs est en définitive compromise par une application trop stricte du principe de la copropriété familiale. Tous les procès tardifs devraient être irrémédiablement repoussés par les juges. Ils sont une contradiction permanente entre un état social séculaire, basé sur les principes d'un droit patriarcal désuet et les aspirations de la société annamite moderne qui désire acquérir librement, posséder en paix, et jouir en toute tranquillité du fruit de ses acquisitions.

Chapitre VII

LE RÉGIME MATRIMONIAL
LA VEUVE USUFRUITIÈRE — LA FEMME

« La loi patriarcale et la loi de Gia-Long sont incompatibles avec quelque régime matrimonial que ce soit. »

(C. BRIFFAUT. Régime matrimonial J. J. Indochine Mars 1922 p. 94.)

Ces lignes sont exactes. Elles résument l'incertitude lamentable de la jurisprudence de l'Indochine en ce qui concerne le régime matrimonial depuis soixante ans.

Tout d'abord, de nombreux arrêts semblent établir que le régime de la communauté de biens, **réminiscence inopportune du droit privé de l'Occident**, est inconnu dans la législation annamite et doit l'être eu égard à l'organisation familiale de l'Annam et au droit d'usufruit viager de la succession maritale, légalement instituée en faveur de la veuve non remariée par l'article 7614 du Code de Gia-Long (Cour d'appel de Saigon 19 janvier 1893).

Cependant un autre arrêt de la Cour de Hanoi en date du 30 septembre 1910 déclare que : « le code « Annamite de Gia-Long étant muet sur les conven- « tions matrimoniales, les époux restent maîtres et

« libres de régler leurs intérêts pécuniaires comme ils
« l'entendent et à défaut de conventions, la coutume
« faisant de ' la société conjugale une sorte de
« **communauté de biens** ne constitue nullement
« le mari maître de cette communauté ; le mari doit
« obtenir le consentement de la femme pour tous
« actes d'une certaine importance.»

Mais la pluralité des arrêts décide d'autre part
que le mari est maître absolu des biens quelle que
soit leur origine ou provenance. La femme ne possède
pas de propres. Le mari peut disposer à son gré de
tous les immeubles (Durrwell. Doctrine et Jurisprudence Indigène 1898 — pages 40 et 95.)

Enfin, depuis la publication du code des Lê
en 1911, la cour d'appel de l'Indochine semble en
arriver progressivement à admettre que la femme
possède des propres en droit annamite. L'arrêt qui
semble le plus récent, celui du 24 mars 1921, déclare
que depuis longtemps la coutume, tout comme le
Code des Lê, ont admis que la femme mariée pouvait posséder des biens propres. Désormais, le principe
paraît admis. **La femme possède des propres.**

Mais quid de la communauté ?

L'incertitude à ce sujet ne semble pas dissipée.
Il semble bien que la communauté légale entre époux,
telle qu'elle résulte en droit français de ce régime,
n'est pas considérée par la majorité des arrêts, comme
constituant le droit commun en droit annamite.
Cependant la Cour de Hanoi hésite. Elle le prouve

« par deux arrêts du 8 Mars et du 22 Mars 1922 qui
« ordonnent une enquête préalable de principe dans
« les provinces de Hadong et de Nam-dinh, afin de
« contrôler l'existence de la coutume de droit en
« vertu de laquelle la communauté de biens serait
« pratiquée entre époux. »

Ces deux arrêts ne sont-ils pas contraires à
notre article 5 du code civil ? En tout cas ils sont
symptomatiques de l'état d'indécision de nos juges sur
une des questions les plus importantes du droit civil.

Mais en admettant que la communauté légale
n'existe pas entre époux, que devient la situation de
la femme désormais ? Elle est, il faut l'avouer,
singulièrement compliquée.

D'abord, tandis que de nombreux arrêts font,
pendant longtemps, de la femme mariée de 2e rang
presque l'égale de la femme mariée de 1er rang, le
dernier état de la jurisprudence recule la femme de
2e rang presque au rang d'une concubine en lui
refusant tout droit à l'usufruit légal de la communauté
après la mort de l'époux. Mais voici qui va paraître
plus étrange : cette femme mariée de 2o rang qui est,
malgré tout, une épouse légitime puisqu'elle figure
sur les registres de l'état-civil, se trouve **même vis-
à-vis de la concubine** dans une situation
d'infériorité. En effet, un jugement du Tribunal de
Long-xuyên du 7 novembre 1917 (Présidence de
M. A. WEILL) décide qu'en droit annamite l'état de

concubinage constitue entre l'homme et la femme un état de fait de communauté d'intérêts. La cohabitation prolongée au su et au vu de tout le monde crée entre les concubins une association d'intérêts pécuniaires telle que l'avoir de l'un se confondant nécessairement avec l'avoir de l'autre ne forme plus qu'un tout indivisible. Il y a lieu, par suite, de procéder aux opérations de partage pour la dévolution des biens à la mort de l'un des deux. Ce jugement gros de conséquences, s'appuyant d'ailleurs sur plusieurs arrêts de la cour d'appel de l'Indochine est lui-même confirmé par un arrêt de la cour de Saigon en date du 24 octobre 1918 (J. J. Indochine 1918 page 479).

A noter dans cet arrêt les considérants suivants : « Sans entrer dans une discussion juridique « sur les effets du concubinat en droit annamite, il « suffit de rappeler la forte constitution à l'origine de « la famille annamite pour se rendre compte que « l'union de la femme de premier rang constatée par « un rituel légal produisait seule des liens juridiques ; « que l'épouse de 2e rang appelée concubine par les « traducteurs du Code Annamite pour employer une « terminologie plus commode qu'exacte n'occupait « qu'un rang dans la hiérarchie domestique. — Mais « que la jurisprudence des juridictions françaises, « mieux adaptée à l'évolution des mœurs que la « rigueur des coutumes premières a admis qu'en « dehors d'union sans effets légaux, il pouvait exister « entre Annamites des associations de fait se tradui- « sant au décès de l'un ou de l'autre des associés par

« un partage des biens amassés en commun au cours
« d'une longue existence dont le poids avait été égale-
« ment supporté par l'homme et la femme mais dans
« un même labeur. »

Voici dans la situation de la femme en droit
annamite encore plus embrouillée par cette jurisprudence. Désormais la simple concubine se trouve en
fait avoir droit au partage de la communauté. partage
que l'on refuse même à la femme de 1er rang ! On
devine quelle mine de procès. **tous également
soutenables,** de telles hésitations peuvent engen-
drer !

Quant aux droits de la veuve usufruitière après
la mort du mari, ils sont. à notre avis. mal définis. La
question mérite un examen spécial.

Les droits de la veuve usufruitière, après la
mort de son mari. sont, tels qu'ils semblent établis par
la plupart des décisions de justice. aussi mal adaptés
à la société actuelle que générateurs de procès
frustratoires, très préjudiciables aux tiers acquéreurs
de bonne foi :

En droit français l'article, 767 du code civil
stipulait que lorsque le défunt ne laissait pas de
parents au degré successible, les biens appartenaient
au conjoint qui lui succédaient : ainsi le conjoint
passait après tous les héritiers légitimes même ceux
du deuxième degré ; bien plus. il était exclu de la
succession, non seulement par les enfants naturels du
défunt, mais aussi par ses père et mère naturels et
par ses frères et sœurs naturels.

Il en résultait qu'«après avoir vécu pendant
« toute la durée du mariage dans l'aisance, quelque-
» fois dans l'opulence, grâce à la fortune de son mari,
« l'époux survivant, déshérité lui-même de toute
« fortune personnelle, voyait souvent la dure épreuve
« de la gène, quelquefois de la misère. venir s'ajouter
« pour lui aux douleurs du veuvage (Baudry Lacau-
« tinerie, Droit civil, Tome I, page 83).

Ce ne fut que par la loi du 9 mars 1891 que
l'article 767 du code civil fut modifié.

En vertu du nouvel article 767, si le défunt
laisse des enfants quel que soit leur nombre, le
conjoint survivant a l'usufruit du quart de la
succession.

Cette situation de l'époux survivant. meilleure
certainement que par le passé. était cependant
sagement limitée par la loi aux exigences de la vie
matérielle.

Il n'est pas même venu à l'idée du législateur
de 1891 d'attribuer au conjoint survivant l'usufruit
total des biens laissés par son conjoint lorsque ce
dernier laisse un ou plusieurs héritiers directs.

Même dans un alinéa 9 de l'article 767, le
législateur craignant avec raison que, l'usufruit même
limité ne crée une entrave à la libre circulation des
biens et à leur exploitation, a stipulé que jusqu'au
partage définitif, les héritiers peuvent exiger que
l'usufruit de l'époux soit converti en une rente viagère
équivalente.

Ainsi en droit français. si la situation de la veuve a paru suffisamment intéressante pour créer en sa faveur un droit d'usufruit après la mort de son mari, cependant les héritiers directs ont le droit de mettre fin à cet usufruit en servant à la veuve une rente équivalente. ce qui semble le bon sens même.

Cependant en droit annamite. en vertu des principes de la copropriété familiale, d'ailleurs incertains et de plus en plus discutés, la jurisprudence locale est venue décider que la veuve. après le décès du mari. avait droit à l'usufruit de la totalité des biens conjugaux.

Cette jurisprudence se base sur le décret II art. 76 — 1 — 370 du code Philastre.

Mais après avoir posé ces principes. la jurisprudence et les ouvrages de doctrine ne sont pas du tout d'accord sur l'étendue réelle du droit d'usufruit de la veuve.

Il est à peine besoin de souligner que l'usufruit de la veuve sur tous les biens de son. mari ne trouvait son fondement et sa base qu'à l'époque où la jurisprudence décidait que les filles n'héritaient pas et que la femme ne possédait pas de biens propres.

Ainsi le droit d'usufruit de la veuve était en correlation directe avec cette privation de biens propres, et il en était en quelque sorte le correctif (voir à ce sujet jugement Tribunal Hanoi).

Aujourd'hui que la jurisprudence admet que les filles héritent et qu'elles possèdent des biens propres, le droit d'usufruit de la veuve sur la totalité des biens ne se justifie plus, la jurisprudence sur ce point devrait certainement être modifiée.

Tout droit d'usufruit se résume dans la jouissance de la chose grevée d'usufruit, le droit de jouir comprend le droit d'user de la chose et le droit d'en recueillir les fruits, l'usufruitier n'est nullement obligé de restituer les fruits au propriétaire lors de la cessation de l'usufruit, mais il a le droit de recueillir et de s'approprier tous les fruits de la chose, ce qui lui permet d'en disposer **comme il l'entendra.**

(Baudry Lacantinerie Droit civil Tome I page 801)

Il résulte de ces principes que si l'on admet l'usufruit de la veuve sur la totalité des biens, cet usufruit devrait être sans réserves: ainsi dans une succession importante comportant parfois plusieurs centaines d'hectares de rizières, les héritiers légitimes du défunt doivent voir sans protester la veuve, pendant une période qui dépasse souvent cinquante ans, faire siens les fruits de la succession, en disposer comme elle l'entend tandis qu'eux-mêmes n'ont sur la succession de leur père qu'un droit illusoire de nu-propriété et un droit dérisoire aux aliments.

Effrayée de telles conséquences, la jurisprudence, a essayé d'apporter des correctifs aux principes.

Tout d'abord elle a décidé que l'usufruit de la veuve s'exerçait sous le contrôle du Truong-toc (nombreux arrêts notamment Saigon Cour d'Appel — 7 Mai 1896) sans d'ailleurs préciser, sauf en matière d'aliénations d'immeubles, jusqu'où et de quelle façon s'exerçait le dit contrôle.

Allant beaucoup plus loin, M. DURRWELL dans son ouvrage Doctrine et Jurisprudence en matière annamite-1er fascicule (page 167) écrit :

« La veuve usufruitière perçoit tous les fruits « naturels ou civils que peuvent produire les objets « dont elle a la jouissance sans pouvoir, toutefois, à « notre avis, se constituer avec ses revenus un douaire « personnel en dehors des droits des véritables « héritiers ; en constituant, en effet, la veuve usufrui-« tière légale, le législateur indigène a entendu la « **mettre à l'abri du besoin**, la soustraire à des « revendications contraires à la piété filiale mais **rien** « **de plus** ».

Ainsi apparaissent tour à tour exorbitants par leur ampleur puis limités à un simple droit alimentaire, les droits de la veuve usufruitière tels qu'ils sont posés par une jurisprudence hésitante et certains auteurs.

Cependant parmi ces derniers, M. MIRABEN, dès l'année 1896, écrivait dans son précis de droit annamite : (page 36).

« Telle est la loi annamite. loi rigoureuse. La
« coutume n'a-t-elle pas corrigé cette rigueur de la
« loi ? Nous pouvons répondre affirmativement.

« Un ancien mandarin militaire nommé Pham-
« kiêm-Ich, habitant le village de Binh-Tri. canton de
« Chanh-my-Truong, arrondissement de Bienhoa,
« nous a renseigné sur cette coutume dont nous
« avions entendu parler vaguement et d'après laquelle,
« avant la conquête, le droit rigoureux avait été
« remplacé par la mesure suivante : le père étant mort
« lorsque les enfants étaient majeurs. le Truong-Toc
« (chef de la parenté) pouvait. sur leur demande.
« obliger la veuve à faire un partage des biens laissés
« par son mari. en gardant pour elle une part
« d'enfant, une autre part étant réservée au culte.
« (Cette opinion est discutée).

« Il est regrettable, à notre avis. de ne pas
« avoir continué à observer cette coutume : la Cour
« d'appel de Saigon ferait bonne justice en revenant
« sur sa jurisprudence, conforme à la loi, mais
« contraire à la coutume. qui était venue adoucir les
« rigueurs de la loi.

« Examinons ce qui se produit avec la loi
« annamite pure, affermie par la jurisprudence de la
« Cour d'Appel de Saigon.

« Voici un père de famille : Muoi : il a une
« épouse de premier rang. thi-Nam, et de cette épouse
« plusieurs enfants. Muoi prend une femme de second

« rang, thi-Bay. Il meurt âgé ; sa femme de premier
« rang l'a précédé dans la tombe. Sa femme de second
« rang, thi-Bay relativement jeune a, de droit, l'usufruit
« de tous les biens laissés par Muoi. Elle vivra peut-
« être encore vingt ans, et pendant ces vingt ans, les
« fils de Muoi, qui sont plus que majeurs (l'aîné peut
« avoir quarante ans), n'auront aucun droit sur le
« patrimoine paternel, sauf la nu-propriété ; ils
« devront attendre la mort de thi-Bay qui n'est pas
« leur mère, pour entrer en possession effective des
« terres patrimoniales et procéder à un partage ; quel-
« ques-uns peuvent même mourir avant l'usufruitière.

« Cet exemple, pris au hasard, fera saisir le
« bon côté de la coutume qui, avant la conquête,
« adoucissait la rigueur de la loi. »

Après avoir souligné les contradictions de la
doctrine et de la jurisprudence, de la loi et de la coutume en matière d'usufruit de la veuve, il échet
surtout d'examiner comment les choses se passent
actuellement dans la plupart des successions annamites.

Si parfois la veuve annamite exerce dans son
intégralité ses droits d'usufruitière, gère la succession,
perçoit les loyers, fait procéder aux récoltes, admi-
nistre, en un mot, les biens laissés par son mari aux
lieu et place de ce dernier, il est aussi de nombreux
cas où, enfin, son rôle est beaucoup plus effacé, et où
elle abandonne à l'aîné de ses fils ou à ses autres
descendants la dite administration des biens.

Attendu que par requête introductive d'instance en date du 16 février 1922, déposée au Greffe sous le n° 135, les demandeurs ont assigné devant le Tribunal les défendeurs pour : I. Voir annuler : 1°) l'acte de partage amiable intervenu entre les héritiers de Lê-dao-Hinh, enregistré à Mytho, le 24 Juin 1907 sous le numéro 2358, 2°) l'acte de vente définitive de neuf parcelles de terre, passé par Lè-dao-Minh au profit de Nguyên-duy-Hinh, transaction n° 246 du neuf Mai ou Mars 1906, 3°) l'acte de vente de dix-huit parcelles de terre, passé par Lê-dao-Hinh au profit de Lè-thi-Hanh, enregistré le 11 Septembre 1916 sous le numéro 3107.—4°) l'acte de donation de trois parcelles de terre souscrit par les héritiers de Lê-dao-Hinh au profit de la dite Lê-thi-Hinh, transaction n° 646 du 16 Avril 1903 et 5°) tous autres actes d'aliénation ou de disposition intervenus entre les défendeurs et, concernant les terres dépendant de la succession de Lê-van-Tuong: II — Entendre dire et juger que toutes les terres faisant l'objet de ces actes de vente, de partage et de donation, ensemble les immeubles inscrits tant au nom de Lê-dao-Hinh qu'à ceux de Lê-dao-Minh, Lê thi-Phuong, Lè-thi-Hanh et Nguyên-duy-Hinh et énumérés dans l'extrait du Bô versé au dossier, dépendent de la succession de feu Lê-van-Tuong ou sont la propriété légale de ce dernier . III — Voir ordonner, en conséquence, que tous les immeubles seront partagés en cinq parts égales, pour, quatre de ces parts, être attribuées aux demandeurs et la cinquième part, être attribuée aux héritiers de Lê-dao-Cung ; IV.— Voir dire que les revenus échus ou à échoir en cours d'instance seront compris au partage (les revenus des terres litigieuses s'élèvent à vingt mille gia de paddys par an), - V. — Voir commettre le greffier-notaire de Bentre, aux fins dudit partage et VI — S'entendre condamner solidairement aux dépens de l'instance :

Attendu que, pour faire échec à ces demandes. les défendeurs soulèvent dans leurs conclusions écrites et développées à la barre par Me Dartiguenave trois moyens : 1 défaut de qualités, 2· — incompétence du Tribunal et 3· prescription de l'action :

Attendu, en ce qui concerne l'incompétence du Tribunal qu'ils invoquent ce motif que l'une des défenderesses, la nommée Lê-thi-Phuong, est de nationalité française comme étant l'épouse légitime de Bui-duy-Trinh, citoyen français ;

Attendu qu'il n'y a pas lieu de s'arrêter à ce moyen, les défendeurs y ayant, par l'organe de leur Avocat. renoncé à l'audience du vingt-sept Mai. reconnaissant sans difficulté que Lê-thi-Phuong n'était pas conformément à la législation en vigueur devenue française du fait de la naturalisation de son mari, laquelle naturalisation est et demeure individuelle.

Sur la qualité des demandeurs :

Attendu que les demandeurs, pour jutisfier de leur qualité d'héritiers de l'auteur commun Lê-van-Tuong, déposent une généalogie dressée le premier juin 1921 et certifiée par trois vieillards ;

Attendu que cette généalogie est régulièrement établie ; mais attendu qu'elle ne constitue pas un acte authentique ; que par suite, elle ne peut être considérée que comme simples renseignements que le Tribunal pourrait faire contrôler et vérifier par voie d'enquête ;

Mais attendu que les demandeurs ne sollicitent pas cette mesure d'instruction ,

Que, sans doute, leur avocat a fait parvenir une note sur délibéré ; mais que cette note, envoyée par la voie télégraphique ne portant même pas la signature de l'avocat est tardive et ne saurait être prise en considération par le Tribunal.

Attendu d'ailleurs que même si l'enquête ordonnée établissait la qualité des demandeurs, il y a lieu de rechercher si, comme le prétendent les défendeurs, l'action n'est pas prescrite.

Attendu que, d'après la jurisprudence et l'étude des anciens textes législatifs annamites, il a été décidé que la prescription n'existait pas en droit annamite, exception faite dans le cas de nantissement immobilier.

Que la Cour d'appel de Saigon avait décidé, dans un arrêt du 11 janvier 1893, qu'au décès de l'auteur commun, il s'établit entre les héritiers une communauté de biens ou indivision qu'ils ont la faculté de prolonger indéfiniment. — Que la possession de terres patrimoniales par un cohéritier ne peut jamais le conduire à la prescription.

Mais attendu que, contrairement à cette jurisprudence, il semble bien que la prescription existe en droit annamite, comme semble le décider la Jurisprudence récente (2e Chambre 10 avril 1943— 6 Février 1896).

Qu'en effet, il suffit de parcourir les notes historiques sur le droit civil annamite de Brillaut pour se convaincre que le Code des LÈ avait institué, dans son article 386, la prescription acquisitive pour les acheteurs des terres ou rizières de la succession et extinctive au détriment de l'héritier qui ne les a pas revendiquées, que les délais de ces prescriptions étaient de vingt ou trente ans.

Attendu sans doute que le Code de GIALONG ne mentionne pas l'existence de cette prescription, ce qui avait amené la jurisprudence de Cochinchine à la nier mais attendu que de l'étude des différents codes faite par BRIFFAUT et rapportée par le Journal Judiciaire de l'Indochine, il semble nettement ressortir que si le Code de GIALONG est muet sur la prescription, il ne l'ignore point.

Qu'on ne comprendrait pas, en effet. comment le Code de GIALONG aurait pu abroger, par son silence. un principe d'ordre social aussi important que la prescription, principe qui est passé dans la coutume séculaire annamite (Briffaut op. cit. Chapitre VII. De la prescription .

Attendu que, d'après cet auteur, le seul qui ait fait une étude aussi approfondie sur la matière : « Le Code de GIALONG traite d'ailleurs de la pres- « cription dans une ordonnance postérieure en Code. « mais qui est visiblement reproduite, non seulement « du texte correspondant de KIEN-LONG, mais de « l'article 383 des LÊ. . . . . que les textes mis à jour, « conçus dans le même esprit et se complétant les uns « les autres n'indiquent pas de terme juridique précis « pour exprimer la prescription, mais se servent d'une « locution qui constate le fait de la longueur du temps « écoulé. Kinh-Nien, (depuis de longues années, le « délai est passé) C'est la prescription longo temporis.»

Attendu que dans l'intérêt même de l'ordre social dans ce pays, il est de toute nécessité que la Jurisprudence qui a la charge de procéder à l'évolution du droit et de fixer les règles juridiques, recon- naisse d'une manière définitive l'existence de la pres- cription indispensable à assoeir, d'une manière absolue, au bout de longues années, la propriété entre les mains de ceux qui ont possédé sans trouble.

Que décider le contraire et admettre la revendication de droits après plus de soixante ans, comme dans le procès actuel, serait aller au-devant de difficultés insurmontables pour l'établissement des preuves et des témoignages à recueillir.

Attendu qu'on ne comprend pas comment les soi-disants héritiers ont pu garder le silence et ne pas réclamer les parts pendant soixante-deux ans ; qu'ils n'ont d'ailleurs qu'à s'en prendre à eux-mêmes d'avoir ainsi négligé leurs droits aussi longtemps.

Attendu, dans ces conditions, qu'il y a lieu de décider que la prescription existe en droit annamite et que par suite l'action des demandeurs est prescrite par suite de leur inaction pendant plus de soixante ans.

Sur la demande reconventionnelle des défendeurs en mille piastres de dommages-intérêts pour le préjudice matériel et moral causé par l'action téméraire des demandeurs.

Attendu qu'une demande en dommages-intérêts ne peut se justifier que si l'action des demandeurs est de mauvaise foi et par suite équivalente à un dol ou à un quasi-délit.

Attendu que rien de semblable ne se révèle à l'examen de la demande, que d'ailleurs, la condamnation des demandeurs aux dépens de l'instance parait suffisante au tribunal pour tenir lieu, le cas échéant, à **une demande de dommages-intérêts.**

PAR CES MOTIFS

Dit et juge que les demandeurs Nguyên-hat-Minh, Vo-van-Tong, Nguyên-van-Hung et Nguyên-thi-Sang ne justifient pas de leur qualité d'héritiers de l'auteur commun Lê-van Tuong.

Dit que la prescription existe en droit annamite, décide, en conséquence, que l'action des demandeurs est prescrite, les déboute de toutes les demandes, fins et conclusions.

Déboute les défendeurs Lê-dao-Minh, Lê-thi-Hanh, Lê-thi-Phuong et Nguyên-duy-Hinh de leur demande reconventionnelle.

Condamne les demandeurs aux dépens liquidés etc. . . . .

I.—Sur la qualité des parties demanderesses

Attendu qu'il échet d'établir tout d'abord si les demandeurs peuvent prouver leur filiation régulière, c'est-à-dire produire des actes de naissance établissant qu'ils sont petits-filsde l'auteur commun, LÊ-VAN-TUONG, décédé il y a 62 ans.

Qu'il ne suffira pas qu'ils s'appuient pour justifier leur qualité sur la généalogie versée au dossier, laquelle dans un procès de cette importance ne saurait constituer un moyen de preuve suffisant.

Qu'il serait vraiment trop simple, pour accaparer une succession de près de 800 hectares de rizières de première classe, de faire dresser une généalogie certifiée par trois vieillards dont l'un âgé de 94 ans doit avoir une mémoire quelque peu obscurcie par l'âge et dont la moralité des autres n'est certifiée par aucun notable, le visa du maire ayant simplement pour résultat d'authentifier la certification des dits vieillards sans en garantir la sincérité;

Attendu qu'il a été jugé qu'une généalogie familiale produite à défaut d'acte de l'état civil par des héritiers pour prouver leur qualité ne constitue qu'un simple certificat de notoriété dont les juges peuvent discuter et apprécier la valeur;

(A. C. I. 2 Avril 1908 J. J. 1910 p. 539).

Qu'en l'espèce, les défendeurs concluent à ce que le Tribunal rejette de **plano** la généalogie produite et déboute les demandeurs de leur action pour défaut de qualité.

II.— En ce qui concerne les droits de la défenderesse LE-THI-PHUONG

Attendu qu'il n'est pas dénié que cette femme est mariée légitimement avec le nommé BUI-DUY-TRINH, secrétaire principal à l'Inspection de Mytho, citoyen français, qu'elle est donc française et, comme telle, soumise à la loi française.

Attendu qu'on pourrait tout d'abord se demander si cette qualité de française de LE-THI-PHUONG n'aurait pas pour résultat de rendre le tribunal de Bentré **statuant en matière indigène** incompétent;

Mais attendu que cette conséquence à tirer de la nationalité de LE-THI-PHUONG pourrait paraître excessive, que la seule qualité de LE-THI-PHUONG ne saurait avoir pour résultat d'entraîner l'incompétence du tribunal en ce qui concerne tous les autres membres ou prétendus membres d'une cohérie, alors surtout que le juge statuant à Bentré en matière indigène et en matière française est le même magistrat.

Mais attendu que si le tribunal doit se déclarer compétent, il n'en reste pas moins certain **qu'en ce qui la concerne personnellement** LE-THI-PHUONG est soumise à la loi française et doit être jugée **selon la loi française.**

Que cette conclusion établie par de nombreuses décisions de jurisprudence est surtout mise en lumière par un arrêt de la 2e chambre du 8 Novembre 1917 (présidence de M. Clayssen) établissant que "la deuxième chambre du « tribunal de 1ère instance de Saigon régulièrement saisie « de la contestation existant entre indigènes n'avait pas à « se déclarer incompétente parce qu'au nombre des tiers « intervenant au procès figure un tiers pouvant se récla- « mer de sa qualité de Français, mais que le seul effet de « cette qualité sera d'autoriser ce plaideur à réclamer « l'application de la loi française, ce dont la 2ème Chambre « peut faire l'application, étant tribunal français composé « d'un juge français apte à appliquer la loi française »

Attendu que la loi française devait être appliquée à LE-THI-PHUONG, celle-ci, en ce qui concerne tout au moins ses propres biens, est en droit d'invoquer la prescription édictée et prévue par la loi française. que les faits sur lesquels s'appuient les demandeurs remontant à plus de trente ans, elle est en droit de demander en sa faveur l'application de l'article 2262 du code Civil.

Attendu que vainement les défendeurs s'appuieraient pour combattre les droits de LE-THI-PHUONG sur l'article 2236 du Code Civil et soutiendraient que les défendeurs et spécialement les ancêtres de Le-dao-Minh ne sauraient prescrire parce que « **possédant pour autrui** »

Attendu qu'il faudrait précisément établir que Le-dao-Cung, son fils et son petit fils ont depuis soixante ans possédé pour autrui ; que tout prouve au contraire qu'ils ont possédé «animo domini» en faisant opérer au bô les mutations nécessaires ; que ces mutations constituent bien les contradictions opposées aux droits du propriétaire prévues par l'article 2238 du C. Civil.

Que d'ailleurs Le-dao-Cung. Le-dao-Hinh et Le-dao-Minh n'étaient ni fermiers, ni usufruitiers, ni détenteurs à titre précaire des biens litigieux mais en étaient propriétaires comme héritiers de Le-van-Tuong à l'exclusion des femmes Le-thi-Minh, Le-thi-Chanh, Le-thi-Trong et Le-thi-Cung, soit que celles-ci qu'ils ignorent, soient étrangères à la succession, soit qu'elles aient depuis longtemps reçu leur part en argent ou bijoux dans la succession.

III.— Sur la prescription en droit Annamite

Attendu que les défendeurs soutiennent que même leur qualité fût-elle établie, l'action des demandeurs est **prescrite**.

Attendu que la prescription existe en droit annamite.

Attendu que de nombreuses décisions l'ont consacrée.

Que notamment, il a été jugé «que si la prescription
« trentenaire n'est pas inscrite dans la loi annamite, elle est
«imposée par la force des choses en un pays, surtout, où le
« climat, le mauvais état des maisons d'habitation et les
«insectes concouraient à la destruction ou à la détérioration
« des titres de toutes sortes, où il est par suite difficile de
« remonter très loin à l'origine de la propriété et de savoir
« si les biens ont ou n'ont pas été partagés..........
« que les tiers opposants ne peuvent s'en prendre qu'à
« eux-mêmes d'avoir négligé leurs droits pendant plus de
«soixante ans......... que l'inscription bi-trentenaire au
« dia-bô fait présumer que l'inscrit est propriétaire per-
« sonnel des biens alors qu'il n'est pas mentionné au
« dia-bô que ces biens sont indivis.

C. I. 2e chambre 10 Août 1913).

Attendu qu'une autre décision de justice qui trouve
son application exacte dans l'affaire actuelle précise que
« le législateur annamite considère les filles comme pour-
« vues lorsqu'elles ont été mariées par les soins de la fa-
« mille et ne les admet pas alors à concourir avec leurs
« frères au partage de la succession de leurs ascendants....
« que le fait par les filles d'avoir attendu de nombreuses
« années pour réclamer leur part de la succession pater-
« nelle équivaut à un aveu que ce partage a été effectué et
« qu'elles ont reçu leur part en argent »

A. C. S. 6 février 1896 p. 1896 p. 272).

Attendu cependant que, bien qu'une évolution mar-
quée se **soit** produite en faveur de la prescription en droit
annamite, certaines décisions ont déclaré pendant que
cette prescription n'existait qu'en matière de nantissement
immobilier (A. C. S. 8 Juin 1896)

Que d'autres plus radicales ont décidé que la prescription envisagée comme présomption de libération d'une obligation n'existe pas en droit annamite. (A. C. S. 6 Novembre 1896).

Mais attendu que par de telles décisions, cette jurisprudence a certainement erré qu'elle a involontairement ouvert la voie depuis cinquante ans à une foule de contestations frustratoires et détestables, ébranlé les bases de la propriété et favorisé bien, malgré elle, une série de ces procès que « le législateur annamite a en si grande horreur ».

Or attendu que l'on ne saurait tirer argument de ce que le Code de Gialong est muet sur la prescription pour décider que la prescription n'existe pas en droit annamite.

Attendu il est vrai que le code de GIALONG, code plus pénal que civil, est muet sur la prescription comme sur de nombreuses matières du droit civil.

Mais attendu que le droit annamite ne réside pas tout entier dans le code de GIALONG, qu'il réside également dans la coutume, et dans certaines dispositions législatives antérieures ou postérieures à ce code lui-même.

Attendu qu'il n'est pas inutile de rappeler qu'en droit français, le droit ne se trouve pas exclusivement cantonné et emprisonné dans le code de Napoléon ; que la loi du 30 Ventôse an XII a décidé que tout le droit intermédiaire n'est abrogé que dans **celles de ses dispositions qui sont inconciliables avec le Code Civil.**

Que par analogie, en droit annamite, le jurisconsulte est autorisé à puiser dans la législation antérieure au code de GIALONG, notamment dans le code des LÊ, qui précise et fixe la coutume, que la jurisprudence ne s'est point fait faute de faire de fréquents emprunts au code des LÊ « beau-«coup plus libéral, beaucoup plus en rapport avec la men-« talité annamite que le code de GIALONG qui n'est que « la reproduction textuelle de la plus grande partie de « l'antique et inhumain code mandchou » Arrêt Cour Saigon 24 mars 1921.

Que c'est par des emprunts au code de LÊ que la jurisprudence est arrivée progressivement à reconnaître à la femme annamite le droit de posséder des biens propres que lui déniaient des décisions antérieures.

Or attendu que l'article 386 du Code des LÊ a nettement établi la prescription acquisitive en matière de pétition d'hérédité, que cette prescription existe au bout de **trente ans** en faveur des membres d'une famille qui occupent des terrains successoraux.

Attendu que dans des pages d'une très grande importance juridique puisées dans ses Notes sur le droit civil Sino-Annamite, M. Camille Briffaut a fait ressortir l'importance de l'Art. 386 ; qu'il résulte de ces pages que l'interprétation rationnelle de cet article, qui fait corps avec toute la législation civile annamite en matière de prescription, est de nature à orienter définitivement la jurisprudence dans le sens de la proclamation de l'existence de la prescription trentenaire en droit indigène

(C. Briffaut. Notes sur le Droit Civil annamite pages 304 et 336)

Que le tribunal s'inspirant de ces principes, trouvera difficilement une espèce plus caractérisée que le procès actuel pour appuyer sa décision sur la tardivité de la demande ;

III.— EN FAIT. Attendu que les demandeurs ne font pas de preuve que le nommé LE-VAN-TUONG ait eu plusieurs enfants, que, par suite, les biens de celui-ci ont dû passer régulièrement à son fils LE-DAO-CUNG et ensuite à son petit-fils **LE-DAO-HINH** sans qu'aucune spoliation au détriment de prétendues sœurs de LE-DAO-CUNG soit établie ;

Attendu d'ailleurs que toutes les allégations de la requête introductive d'instance et des conclusions ne reposent sur aucune preuve.

Qu'ils affirment que c'est parce qu'il était chef de canton et qu'il pouvait « tout faire » en cette qualité que LE-DAO-CUNG a accaparé toutes les terres successorales, que plus loin, ils ne craignent pas de déclarer que son fils, LE-DAO-HINH, également chef de canton, refusa cyniquement tout partage à ses cousines.

Mais attendu que toutes ces accusations : **accaparement, refus cynique** etc... sont de simples affirmations dont les demandeurs seraient sans doute fort embarrassés pour faire la moindre preuve.

Que le Tribunal retiendra simplement de ces prétentions deux faits essentiels : 1° LE-DAO-CUNG, LE-DAO-HINH et LE-DAO-MINH, les deux premiers, chefs de canton, le troisième, sous-chef de canton, ont eu, comme tous les fonctionnaires de cet ordre, des raisons **personnelles** de s'enrichir et c'est dans ces fonctions mêmes qu'il faut chercher la cause de l'accroissement de leur fortune. 2° les nommées LE-THI-MINH, LE-THI-CHANH, LE-THI-THONG et LE-THI-CUONG, **si elles ont existé**, ont gardé, leur vie durant, le silence le plus complet sur leurs prétendus droits héréditaires; ce silence plus éloquent que les revendications tardives de leurs fils, établit qu'elles avaient reçu en argent ou en bijoux leur part dans un partage antérieur ou qu'elles avaient renoncé à toute revendication sur la succession.

Attendu que vainement les demandeurs tirent argument de ce que LE-DAO-CUNG, LE-DAO-HINH ont continué à habiter sous le toit paternel en même temps que leur aïeule NGUYEN-THI-DANG, femme de LE-VAN-TUONG, pour en conclure que ces individus n'avaient pas le droit de posséder des biens personnellement.

Mais attendu que de telles conclusions si elles sont conformés en principe à certaine jurisprudence, ne sau- raient être poussées à l'extrême : que le fils même sous le toit paternel est parfaitement autorisé à posséder des biens propres, qu'il serait singulier que des fonctionnaires de l'importance d'un chef de canton, habitués à commeuder plus qu'à obéir n'aient pu s'affranchir de la tutelle étroite d'une aïeule pour acquérir de leurs derniers un pratrimoine distinct ; que d'ailleurs la survivance de la vieille NGUYEN-THI-DANG décédée seulement en 1896 semble plustôt indiquer que celle-ci n'aurait pas assisté sans protester à la prétendue spoliation de ses filles.

Aitendu que vainement encore les demandeurs sou- tiennent que c'est pour mieux dépouiller leurs mères que LE-DAO-HINH a fait inscrire au bô son fils LE-DAO- MINH alors qu'il était encore mineur, et que d'un autre côté LE-DAO-MINH a lui même procédé plus tard au par- tage des biens de son père LE-DAO-HINH.

Attendu que le premier fait résulte simplement d'uu usage courant entre annamties, que quant au second on se demande en quoi le partage des biens de LE-DAO-HINH et l'attribution grâcieuse ou à titre onéreux de certaines parcelles à la nommée LE-THI-HANH pouvait avoir pour résultat de frustrer les mères des demandeurs ;

Qu'il est évident que ces dernières si elles l'avaieni voulu auraient parfaitement pu rechercher et retouver les co-partageants et faire ordonner le rapport à la masse des biens partagés.

Attendu que la vérité est tout autre, que les héritiers de LE-DAO-HINH ont simplement procédé loyalement au partage des biens de ce dernier en 1907 ; que si plus tard ils ont remis à LE-THI-HANH certaines parcelles c'est parce que celle-ci était fille de LE-DAO-CUNG et avait peut être fait valoir ses droits dans l'héritage de son père, qu'ils ont jugé équitable de lui remettre sa part, que c'est par une erreur de raisonnement que les demandeurs déduisent de ce que THI-HANH a reçu cette part pour argumenter que les défendeurs ont, par ce fait, reconnu la provenance ancestrale des biens et les droits des défendeurs sur ces biens, que ce partage ne prouve rien en faveur des demandeurs, qu'il ne saurait avoir d'autre portée que le partage entre deux branches des biens provenant de LE-DAO-CUNG.

IV.— En ce qui concerne spécialement NGUYEN-DUY-HINH

Attendu que celui-ci doit être considéré éminement comme un acquéreur de bonne foi.

Qu'aucune mention de l'indivision n'existant au diabô, cet acquéreur ne pouvait deviner l'existence de prétendues sœurs de LE-DAO-CUNG probablement décèdées au moment de l'acquisition, ni des droits de leurs prétendus héritiers.

Qu'il échet donc de débouter les demandeurs de leur demande en ce qui le concerne.

V.— Sur les conséquences juridiques de l'accroissement de la succession de LE-VAN-TUONG

Attendu que les demandeurs soutiennent que les 731 ʰ 94 ª 78 détenus par les défendeurs proviennent en totalité des revenus des 25 ᵘ 82.06 laissés à sa mort par LE-VAN-TUONG.

Qu'ils invoquent à l'appui de leurs prétentions une jurisprudence en vertu de laquelle aussi longtemps que le partage des biens d'une cohérie n'est pas effectué, tous les accroissements de terre obtenus par le fils inscrit s'incorporent au noyau primitif et grossissent d'autant l'héritage paternel (C. S. 17 janvier 1895).

Mais attendu que cette jurisprudence, basée sur le principe de l'indivision des biens familiaux ne doit pas être acceptée sans des réserves formelles ;

Qu'elle ne s'applique d'abord qu'au cas où il n'y a pas eu partage, ce qui ne saurait être le cas en l'espèce et aussi lorsqu'il est bien établi que l'accroissement provient en réalité des revenus ou économies réalisés sur les rendements du fonds primitif.

Attendu que cette jurisprudence si exorbitante des règles de notre droit se trouve en contradiction avec cette autre jurisprudence qui décide que les « fruits et revenus de la terre peuvent être considérés « comme l'équivalent des charges foncières annuelles, « des frais de culture et du paiement de l'impôt »

(A. C. S. 17 Septembre 1891 J. J. 1892 p. 560).

Qu'en effet on s'explique mal comment si, en principe, les revenus de la terre suffisent à peine à la mise en culture et à l'entretien du cultivateur, ce dernier puisse réaliser des bénéfices tels que l'accroissement des biens ruraux atteigne des proportions aussi considérables.

Attendu en tout cas que dans le procès actuel, il est inadmissible, quelqu'avantageuses qu'aient été les acquisitions effectuées par LE-DAO-CUNG et ses descendants que les 731ʰ94ᵃ78 revendiqués puissent provenir des économies réalisées sur les 25 hectares laissés par Le-van-Tuong à sa mort ;

Qu'un tel procès engagé en France ferait sourire et ne mériterait même pas discussion, qu'ordonner le partage de ces biens acquis par une longue suite d'efforts personnels: récompense de l'industrie, des services rendus à l'Etat, du labeur constant, peut-être aussi de l'influence sociale des défendeurs au profit d'obscurs plaideurs qui n'ont d'autre mérite qu'une inaction complète et une négligence prolongée serait une iniquité que le tribunal ne voudra pas consacrer.

Attendu d'ailleurs que les défendeurs affirment que plusieurs des acquisitions par eux effectuées proviennent d'une toute autre source que les revenus successoraux;

Que notamment ils produisent quatre actes en caractères chinois établissant qu'au moment ou après leur mariage, les nommés Bui-thi-Phuoc et Bui-thi-Thuàn, femmes du nommé LE-DAO-HINH ont reçu de leur père, sous forme d'argent et de bijoux, des dons manuels importants; que ces subsides ont servi à LE-DAO-HINH qui a hérité de sa femme, pour effectuer plusieurs des achats de terrains qui lui sont reprochés.

Attendu en résumé que la demande n'est fondée ni en fait ni en droit, qu'elle est d'ailleurs prescrite par suite d'une inaction remontant à plus de soixante années.

PAR CES MOTIFS

Plaise au tribunal

Débouter les demandeurs de toutes leurs demandes fins et conclusions.

Reconventionnellement, les condamner à 1000 piastres de dommages-intérêts pour le préjudice matériel et moral causé par leur action téméraire.

Le condamner aux dépens dont distraction au profit de Me H. DARTIGUENAVE aux offres de droit.

Sous toutes réserves
Et ce sera justice.
Mytho, le 24 Mai 1922
L'Avocat-Défenseur,
SIGNÉ: H. DARTIGUENAVE

Chapitre IX

LA CONTRAINTE PAR CORPS EN INDOCHINE

On sait qu'en France avant la loi du 22 Juillet 1867 la contrainte par corps existait en toutes matières, même pour les dettes civiles. Le créancier pouvait faire incarcérer son débiteur jusqu'à paiement de son obligation. Le débiteur n'avait d'autre bénéfice, lorsqu'il était malheureux et de bonne foi, que celui de la **cession des biens** qui lui permettait, pour avoir la liberté de sa personne, de faire en justice l'abandon de tous ses biens à ses créanciers.

La loi du 23 juillet 1867 est venu, pour des raisons d'humanité, supprimer la contrainte par corps en matière civile et commerciale. Cette loi a été promulguée en Indochine, mais pour des raisons plus politiques que juridiques, à notre avis, et motifs pris de ce que la contrainte par corps existe entre indigènes en matière civile, certaines décisions de jurisprudence, nous pourrions même dire la majorité de ces décisions, se refusent à reconnaître que la promulgation de la loi du 23 juillet 1867 a eu pour effet de supprimer la contrainte par corps pour les dettes contractées par les indigènes vis-à-vis des Européens. Si la question n'offre pas une importance capitale au point de vue social et économique puisque, en somme, elle ne vise guère que les rapports entre usuriers et petits débiteurs, elle mérite cependant d'être discutée au point de vue de nos rapports juridiques avec les Annamites en dehors des considérations de droit. Deux questions doivent surtout se poser en la matière :

1º Est-il logique, est-il équitable que l'Européen puisse faire incarcérer son débiteur Annamite, sans que réciproquement, le créancier Annamite puisse faire incarcérer son débiteur Européen?

2ª Est-il admissible que la contrainte par corps n'existe au profit des Européens ni contre les noirs de l'Afrique Occidentale ni contre les Malgaches de la grande île, et que nous l'appliquions cependant contre nos ressortissants de l'Indochine autrement évolués et civilisés, semble-t-il?

A ces questions et à toutes celles que soulève l'application de la contrainte par corps en Indochine, le lecteur trouvera sinon une réponse décisive, du moins, des éléments d'appréciation dans les décisions de justice, conclusions et notes de revues de jurisprudence dont nous faisons suivre ces lignes. Mais la réponse complète ne pourra être donnée que le jour prochain, espérons-le, où la Cour de Cassation **qui ne s'est jamais prononcée sur ces matières** aura donné à son tour la solution définitive du problème.

DROIT CIVIL INDIGÈNE

Conr d'Appel de Saigon (1ere Chambre) 19 Septembre 1919

CONTRAINTE PAR CORPS.— CREANCIER EUROPEEN — DEBITEUR INDIGENE APPLICATION

En Indochine, la contrainte par corps est un moyen de coercition légale applicable de plein droit à tout débiteur indigène récalcitrant ou en retard; elle est justifiée et légitimée, par des nécessités inhérentes à la nature propre de l'indigène, à son tempérament, à son caractère; elle est adoptée à ses besoins et à son milieu et conforme à ses traditions; elle est, pour l'indigène, d'ordre public et fait partie de cet ensemble d'institutions qui constituent son statut personnel et s'attachent d'une façon indélébile à sa qualité d'indigène qu'il tient de son origine.

En conséquence, la contrainte par corps doit être appliquée à l'Annamite dans tous les cas où il manque à ses engagements, quelle que soit la nationalité de son créancier (1).

---

(1) La jurisprudence de la Cour et les Tribunaux de l'Indochine a été longtemps incertaine sur la question tranchée par l'arrêt ci-dessus; mais, depuis quelques années elle apparaît comme fixée définitivement dans le sens de cet arrêt : Voir arrêts 3e chambre 24 Avril 1914 (J. J. 1914, p. 520 ; 19 Novembre 1915 (J. J. 1916, p. 132) ; arrêts 1re chambre, 12 Novembre et 3 décembre 1915 J. J. 1916, p. 215 et 266); 14 mars 1919 (J. J. 1919 p. 47 ; jugements Tribunal civil Saigon 3 Juin 1914, (J. J. 1914, p. 417); 31 juillet 1918 (J. J. 1918 p. 456).

Voir aussi dans le même sens, une étude de M. Lencou-Barême dans le journal Judiciaire 1915, page 441, on ne rencontre, en sens contraire, qu'un arrêt de la 1ere chambre du 8 février 1918.

L'arrêt ci-dessus reproduit, par la netteté de ses considérants, par la solidité de son argumentation, parait devoir mettre fin à toute incertitude sur cette question.

(RAMANECHETTY c/ TRAN-NGOC-QUE)

Le 24 Juin 1919, le Tribunal de 1ère instance de Cantho (présidence de M. BAURENS) a rendu le jugement suivant.

Le Tribunal,

En ce qui concerne la contrainte par corps

Attendu, en ce qui concerne la contrainte par corps, que Me Gallois-Montbrun présente, à l'appui de sa demande, un arrêt de la Cour d'Appel de Saigon, en date du 14 Mars 1919, qui, rompant avec la jurisprudence généralement admise par la Cour et les Tribunaux de l'Indochine, accorde aux Européens et assimilés le droit d'user de la contrainte par corps contre leurs débiteurs indigènes ou assimilés;

Attendu que la question de la contrainte par corps se trouve donc à nouveau posée devant nous, et que les tribunaux sont ainsi appelés à examiner le mérite des arguments invoqués en faveur de cette dernière jurisprudence.

Attendu qu'il n'est pas sans intérêt de rappeler les différentes modifications qu'a subies, au moins depuis 1832, la législation de la contrainte par corps.

Attendu que la loi du 17 avril 1832, en réunissant sous un texte unique les dispositions éparses dans les divers Codes et les articles 2059 à 2070 du code civil, au sujet de ce moyen de parvenir à l'exécution de certaines obligations, emportait abrogation de tous ces textes et qu'elle admit la contrainte par corps en matière civile, commerciale, administrative et pénale;

Que le décret du 9 mars 1848 suspendit l'exécution des dispositions précitées; qu'elles furent rétablies avec certaines améliorations par la loi du 13 décembre 1848; qu'il convient de remarquer que les lois de 1832 et de 1848 n'ont jamais été promulguées, ni déclarées, implicitement applicables en Indochine (Rapport de M. le Procureur Général Michel au Gouverneur Général du 13 mai 1912);

Que la thèse contraire est soutenue par M. le Président de la Cour Lencou-Barême, dans une étude insérée au journal judiciaire de 1915, p. 440, qui estime que ces lois doivent être considérées comme faisant partie du code civil français qui fût promulgué dans la colonie le 21 décembre 1864;

Que la loi du 22 Juillet 1867 abolit la contrainte par corps pour les Français et les étrangers en ce qui concerne le recouvrement des dettes civiles et commerciales et des frais dûs à l'Etat;

Que la loi du 19 décembre 1871 la rétablit pour les frais dûs à l'Etat;

Que les lois de 1867 et de 1871 furent déclarées applicables à la Colonie par le décret du 12 août 1891, lequel n'y fût promulgué que le 9 octobre 1893;

Que, dans l'intervalle de ces deux dernières dates, parût le décret du 24 juillet 1893, promlugué le 13 septembre suivant, qui dispose que le bénéfice de la loi de 1867 n'est pas acquis aux indigènes et asiatiques assimilés et que ceux-ci restent soumis à la législation alors en vigueur en Cochinchine et dans les pays de protectorat;

Que le 16 mars 1910, un arrêté du Gouverneur Général de l'Indochine, destiné à règler la procédure de nos tribunaux indigènes dispose, par une iucursion dans le domaine de la procédure en matière française, que les tribunaux, statuant en matière française pourront prononcer la contrainte par corps contre les indigènes et les asiatiques assimilés, aussi bien pour les dettes civiles que pour les dettes commerciales, lorsque le créancier sera européen (Art. 223);

Attendu que la simple énumération de ces textes permet déjà d'entrevoir les principales difficultés auxquelles devait se heurter leur application ; qu'en ce qui concerne le décret du 24 juillet 1893 qui, d'après certaine jurisprudence, permet aux Européens d'exercer la contrainte par corps contre leurs débiteurs indigènes et assimilés, sans clause de réciprocité et qui suivant certains auteurs, replacerait les Européens dans les droits que leur conféraient les lois de 1832 et de 1848, on ne voit pas comment sera calculée la durée de l'incarcération puisque ces deux lois n'ont jamais été promulguées ici d'une façon certaine: que l'on ne saurait prétendre que le Code civil ayant été promulgué en 1864, il faut, dans ce cas se reporter aux art. 2059 à 2070, abrogés par les lois de 1832 et 1842, mais qui seraient néanmoins restés en vigueur, en ce qui concerne l'Indochine, puisque ces deux lois n'y auraient pas été promulguées et que la promulgation du code civil (21 Décembre 1864) suffirait à rétablir **les** art. 2059 à 2070.

Attendu que cette thèse n'a jamais été soutenue en justice ;

Attendu, en second lieu, que le décret du 24 juillet 1893 rétablissant la contrainte par corps ayant été promulgué avant le décret du 12 août 1891 qui la supprime, on est en droit de se demander ce qu'il subsiste de ce texte qui va cependant servir de base à la jurisprudence que l'on nous propose ; qu'il convient même de remarquer à propos du décret du 24 juillet 1893, qu'il ne dit pas, d'une façon formelle, que les Européens et assimilés conservent le droit d'exercer la contrainte par corps contre les indigènes et assimilés ; que l'ambiguité de ses termes est consacrée par de nombreux arrêts et permet de penser que, déjà, les auteurs du décret se rendaient parfaitement compte que jamais un Ministre français ne consentirait à rétablir cette mesure au seul profit des Européens contre les débiteurs indigènes, c'est-à-dire sans clause de réciprocité ; qu'il semble donc que cette ambiguité a été voulue et qu'elle correspond à un désir manifeste de surprendre la bonne foi du Ministre des Colonies, en ne soumettant à sa signature qu'un texte dont la portée n'était pas évidente et qui pouvait se prêter à des interprétations contraires à l'équité;

Attendu que, pour parvenir à ce dernier résultat, les Tribunaux devront cependant ajouter aux textes et en développer les termes, én usant dans une très large mesure, des prérogatives inscrites à l'art. 5 du code civil, lesquelles peuvent, à la rigueur, s'appliquer à l'espèce, puisque de nombreux auteurs décident que la contrainte par corps cesse d'être une peine et n'est qu'un moyen d'exécution lorsqu'elle est employée pour le recouvrement des dettes civiles et commerciales ;

En ce qui concerne l'arrêté du 16 Mars 1910 qui, le premier, consacre nettement, pour les créanciers européens, le droit d'user de la contrainte par corps contre les débiteurs indigènes ;

Attendu que la seule présence de ce texte suffit à démontrer l'insuffisance du décret du 24 Juillet 1893, que, sans rechercher si les termes de l'article 223 sont ou non l'œuvre de la commission qui en élabora le projet, il suffit, pour bien suivre le cours des faits et en apprécier le développement, de rappeler que ce texte fit d'abord l'objet d'un projet de décret que le Ministre des Colonies refusa de signer ; qu'il fut alors transformé en projet d'arrêté et signé par le Gouverneur Général de l'Indochine, quelques jours avant les élections législatives de 1910 ;

Attendu, enfin, que l'arrêté de 1910 ne parle que du créancier européen et que cette observation a quelque importance, dans l'instance actuelle où le demandeur est un chetty sujet anglais, assimilé aux Européens;

Attendu qu'il n'est, dès lors, pas surprenant qu'une pareille législation ait été interprétée d'une façon très différente par les Cours et les Tribunaux de l'Indochine et qu'elle ait abouti aux décisions les plus contradictoires:

Que jusqu'en 1910, la question de principe fut, tour à tour, admise ou rejetée, aussi bien pour les dettes civiles que pour les dettes commerciales;

Que d'autres décisions ne l'ont admise que pour les dettes civiles;

Que les partisans de la contrainte par corps sont obligés de s'appuyer sur les art. 2059 à 2070 du code civil, tantôt sur les lois de 1832 et 1848, tantôt sur le décret du 24 Juillet 1893, dont la validité ne nous parait pas démontrée;

Qu'à partir du 16 Mars 1910, la situation n'est pas plus claire que cette date, qui devrait consacrer au moins un progrès pour les partisans de la contrainte par corps, inaugure, au contraire, une période au cours de laquelle leur théorie a été généralement repoussée par la Cour et les Tribunaux de l'Indochine; que les rares magistrats, qui accordent aux Européens le bénéfice de cette décision, sont obligés de se séparer des textes et d'invoquer des considérations de fait (instabilité de la propriété foncière, cadastre à faire ou à refaire, régime hypothécaire à organiser, insuffisance des garanties réelles, défaut d'état civil des indigènes, diminution de leur crédit, etc......) qui, toutes pourraient intéresser le législateur chargé de modifier nos Codes, mais qui ne sauraient, pour le moment, être retenues par les Tribunaux;

Attendu que les adversaires de la contrainte par corps en dehors des observations déjà signalées se sont surtout retranchés derrière les termes de l'art. 19 du décret du 17 Mai 1895, qui dispose que toutes les conventions et contestations entre Européens et indigènes sont règlées par la loi française que, par suite, un tribunal, statuant en matière française, ne saurait prononcer la contrainte par corps contre aucun de ses justiciables ; qu'il font, en outre, valoir que l'arrêté du 16 mars 1910, ne réglant que la procédure devant les Tribunaux indigènes, ne saurait s'appliquer aux tribunaux statuant en matière française et encore moins faire revivre devant cette juridiction d'anciennes dispositions du Code civil depuis longtemps abolies et que, jusqu'à l'heure actuelle, aucun texte régulier (loi ou décret) n'a formellement rétablies ; qu'enfin, l'application de cette mesure soulevait des difficultés pratiques plus graves encore, puisqu'en ce qui concerne le calcul de la durée de l'incarcération, les chiffres varient suivant que l'on se réfère soit au Code civil, soit aux lois de 1832 et de 1848 soit au décret du 1er septembre 1910, soit à l'article 240 de l'arrêté du 16 mars 1910, si bien que, quelle que soit la décision que l'on prenne, elle comprendra nécessairement une part d'arbiraire ;

Attendu, en conséquence, que, depuis 1893, la question n'a pas fait un pas ; que malgré l'importance des intérèts en cause, les capitalistes intéressés comprenant sans doute combien leurs prétentions étaient abusives, n'ont jamais crû devoir porter le litige devant la Cour de Cassation ; qu'ils ont jugé plus pratique de se contenter de décisions de justice intermittentes qui leur étaient favorables, de rendre ces décisions aussi nombreuses que possible en invoquant devant les tribunaux des arrêts de Cour qui accordaient la contrainte en principe, cette épée de Damoclès, au-dessus de la tête des débiteurs.

Attendu, cependant, que partisans et adversaires de la contrainte par corps sont d'accord pour reconnaître que cette institution doit disparaître de notre législation ; qu'elle n'est qu'un pis-aller d'ailleurs tombé en désuétude même parmi les indigènes et un expédient dangereux, de nature à stipuler des spéculations téméraires, que l'œuvre à accomplir, pour parvenir à sa disparition, a été parfaitement indiquée, par ses derniers partisans dans les considérations de fait qu'ils ont invoquées pour en ordonner l'application (instabilité de la propriété foncière; cadastre à faire, etc....); que ces considérations résument une grande partie du programme de la mission civilisatrice que nous devons remplir dans ce pays, qu'il importe d'en activer la réalisation et de ne pas lui substituer un régime d'exception qui en serait la négation, risquerait d'atteindre le prestige de la France et compromettrait ainsi, d'une façon définitive, les intérêts particuliers que l'on prétend sauvegarder,

Attendu, pour en revenir au procès actuel, et à l'arrêt du 14 mars 1919 dont le demandeur invoque les considérants pour réclamer l'exercice de la contrainte par corps contre ses débiteurs, que cette prétention est basée: 1° sur la force combinée du décret du 24 Juillet 1893 et 17, de l'arrêté du 16 mars 1910 2° sur le fait que l'application de cette mesure se justifie par des circonstances et des pratiques locales, dont il ne faut attendre la disparition que de l'évolution des mœurs des débiteurs indigènes et de leur plus grande bonne foi à exécuter les engagements qui les lient; 3° sur cet autre fait que la thèse contraire aboutirait à un résultat choquant, puisque de deux créanciers, l'un français et l'autre indigène, le mieux armé et le mieux favorisé contre le débiteur serait le créancier indigène;

Attendu, en ce qui concerne le premier moyen, que la Cour se borne à affirmer, contrairement à de nombreux arrêts antérieurs, que l'art. 19 du décret du 17 Mars 1895 ne fait pas obstacle à ce que la juridiction française appli-

que à sés justiciables indigènes certaines dispositions
dé la loi indigène ; qu'une théorie aussi contestée aurait dû
être étayée de textes et d'une jurisprudence faisant autorité,
car, dans ce cas, on ne s'explique pas le souci du législateur, instituant dans la Colonie deux juridictions ainsi
distinctes ; que la Cour ajoute au texte du décret du 24
Juillet 1893, en lui faisant affirmer qu'il accorde aux
Français et aux étrangers le droit de demander la contrainte par corps contre leurs débiteurs indigènes et que
ce texte les replace à l'égard de ces débiteurs, dans la
situation où ils se trouvaient avant la loi du 22 juillet 1867;
que l'arrêt se borne à affirmer que le Chef du service
judiciaire s'est trompé, en écrivant le contraire dans un
rapport du 22 Mai 1912 ; que la Cour aurait dû préciser
comment et dans quelle mesure le décret de 1893 a pu
replacer les créanciers français et étrangers dans cette
situation, étant donné que les lois de 1832 et 1848 qui
emportent abrogation de toute la législation antérieure
sur la contrainte par corps, y compris les arts. 2050 à 2070
du Code civil, ne sont peut-être pas en vigueur dans la
colonie et que la promulgation du Code civil (24 décembre
1864) ne saurait avoir pour conséquence de rétablir des
dispositions que ces lois avaient abrogées; que la situation
en Indochine des créanciers français et étrangers. avant la
loi de 1867, pourrait donc bien être le néant et qu'en tout
cas, il serait nécessaire de savoir comment sera comptée
la durée de l'incarcération.

Attendu que la Cour parait avoir perdu de vue que
le décret du 24 juillet 1893 est un enfant mort-né qu'il a
été promulgué avant le décret du 12 août 1891;

Attendu que la Cour fait table rase des divers arrêts
consacrant l'irrégularité de la procédure tracée par l'art.
223 de l'arrêté du 16 mars 1910; que l'arrêt du 14 mars 1919,
ne saurait, dès lors faire autorité et que les tribunaux gar-
dent ainsi toute leur liberté;

En ce qui concerne le second moyen:

Attendu qu'il contient implicitement en faveur des débiteurs français et étrangers une pétition de principe qui ne concorde pas avec les faits; qu'il subordonne l'abolition de la contrainte par corps à des conditions impossibles, dont on ne trouve d'ailleurs aucune trace dans l'exposé des motifs des lois qui l'ont rapportée ; qu'il suffit de se reporter à ces documents pour constater combien différentes sont les préoccupations qui inspiraient les abolitionnistes, qu'on y lit, notamment, que la contrainte par corps n'est qu'un dernier vestige des régimes d'esclavage et d'une époque où la liberté de l'homme était un bien dont on pouvait le dépouiller ; que la liberté humaine, n'est pas une chose que l'on peut mettre dans le commerce: que la contrainte par corps était l'arme perfide des usuriers, qu'elle consacrait la ruine du commerce du débiteur malheureux, qu'elle était immorale, puisqu'elle devenait entre les main sdu créancier un moyen de faire chanter les parents et les amis du débiteur et de parvenir ainsi à arracher à ces derniers le paiement de ses dettes ;

Attendu que la simple énumération de ces considérations contraste si singulièrement avec l'état d'esprit qui règne dans la colonie ; que la situation qui nous occupe se trouve subitement éclairée d'une lumière significative ; qu'ainsi s'expliquent la sourde obstruction à laquelle ne cesse de se heurter l'abolition de la contrainte par corps et les moyens détournés mis en œuvre pour maintenir ici une mesure qui ne concorde plus avec nos mœurs et que notre conscience réprouve;

En ce qui concerne le troisième moyen :

Attendu que le Tribunal ne saurait être choqué qu'une institution aussi dépréciée soit, sous l'empire de certaines nécessités passagères, momentanément réservée aux indigènes et asiatiques assimilés ; qu'il ne saurait protester contre l'inégalité qui peut en résulter au détriment des créanciers français et étrangers ; que l'on pourrait plutôt être choqué par le spectacle d'un Français usant de pareils procédés, qu'enfin, on s'étonne que, jusqu'ici, il n'ait pas été remarqué combien plus grave serait l'iniquité qui consisterait à conférer ce droit aux Européens contre l'indigène sans clause de réciprocité ;

Attendu, en conséquence, que les prétentions du demandeur, en ce qui concerne la contrainte par corps, ne s'appuient sur aucun texte indiscutable; qu'en admettant même un instant que le décret du 14 juillet 1893 ait conservé toute sa force, les dispositions de l'art. 5 du code civil ne nous permettent pas d'en développer suffisamment les termes pour parvenir à autoriser l'incarcération des débiteurs.

PAR CES MOTIFS

Condamne les défendeurs à payer ensemble et solidairement à Ramanechetty par toutes les voies de droit sauf par corps la somme de 750 piastres.

Appel par le sieur Ramanechetty, mais le 19 septembre 1919, arrêt infirmatif de la Cour d'appel (1re Chambre) ainsi conçu : (1, 2).

(1, 2) L'arrêt ci-dessous reproduit fixera-t-il enfin la jurisprudence des tribunaux de l'Indochine sur la question, depuis de si longues années controversée, que cet arrêt résout aujourd'hui en décidant que le débiteur indigène annamite d'un créancier européen ou assimilé est contraignable par corps pour le paiement de sa dette qu'elle soit civile ou commerciale? Il est permis d'en douter, en présence des arguments contradictoires du jugement de première instance et de l'arrêt d'appel, plus ou moins renouvelés de ceux des décisions judiciaires antérieures.

Quoi qu'il en soit, nous nous autorisons de l'opinion que nous avons portée précédemment sur cette question dans le Recueil général, ainsi que nous le rappellerons ci-après, pour ne pas nous laisser convaincre par les motifs invoqués par la Cour de Saigon dans son arrêt, bien que nous reconnaissons volontiers que sa doctrine ne pourrait être qu'approuvée. à la condition qu'un texte formel vint la consacrer, car on ne peut méconnaître que l'européen dans notre système, est (disions-nous en note sous l'arrêt de la cour de l'Indochine du 10 juillet 1908 (Penant 1909, I, 2632. 59) dans une situation défavorable, et que la meilleure des garanties pour le prêteur, c'est la contrainte par corps, mais ce texte, nous le prétendons tout au moins, est encore à naître.

Et d'abord, il n'est pas admissible qu'il soit possible, à l'exemple de notre arrêt, de faire table rase d'un texte aussi catégorique que celui de l'art. 19 du décret du 17 mai 1895 (Penant 1895 p. 330, 371 446 et 508) aux termes duquel la loi française régit toute les conventions et contestations entre européens et indigènes ou assimilés. dispositions, disons-le en passant, que, du reste, le tribunal de Cantho, n'a aucunement invoquée pour asseoir son jugement, comme l'arrêt infirmatif l'a dit à tort dans son premier considérant. Cette disposition du décret de 195 domine la question : elle ne peut être détruite que par une abrogation qui n'a pas lieu.

Ce point de départ acquis, deux questions se posent: Les anciennes lois françaises, autorisant la contrainte par corps, abrogée par la loi du 22 juillet 1867 en matière civile, commerciale et contre les étrangers, régissent-t-elles, néanmoins encore, l'annamite et l'asiatique? Quelles sont ces lois?

A la première de ces questions, nous avons répondu précédemment par l'affirmative pour certaines dettes, en rapportant une espèce identique à celle actuelle, résultant d'un jugement du Tribunal de première instance de Saigon du 11 décembre 1918 (Penant 1919, 1, 3906, 149). c'est que nous avions, du reste, déjà précédemment estimé en note sous un arrêt de la Cour d'Appel de l'Indochine du 10 juillet 1908 (Penant 1909. 1, 2632, 59) l'un des principaux arrêts de cette Cour en la matière et que nous avons formellement approuvé, lequel a décidé que la loi française est seule applicable pour l'exécution d'un jugement rendu entre un annamite et un indien, assimilé à l'européen et que la contrainte est imposable à cet indigène dans la limite des principes posés par cette loi (dans la limite des règles établies par la législation française antérieure à la loi de 1867, c'est-à-dire par la loi du 17 avril 1832, qui prévoyait la contrainte comme base d'exécution pour le paiement de certaines dettes) mais, non pour une dette civile, (c'était comme en notre espèce, un banquier, un chetty, qui était créancier).

Et puisque la loi française pouvait être susceptible de donner satisfaction à la conviction de la cour de Saigon que les indigènes doivent encourir la contrainte par corps quand ils ont des contestations avec un Européen ou assimilé, on peut se demander quel intérêt existait d'en chercher la base dans la loi annamite. Il n'eut existé vraiement (car nous ne dénions pas que les tribunaux français ne puissent en principe appliquer une loi indigène quand un Annamite est en cause, que si la cour ait fait préalablement ressortir que la créance du chetty n'était qu'une créance civile, auquel cas la loi métropolitaine ne peut s'appliquer et que, comme telle, la loi annamite seule pouvait entraîner l'application de la contrainte par corps, puisque cette loi permet pour toutes dettes ce mode d'exécution.

Il est vrai, la cour oppose qu'elle a acquis la certitude que le législateur a entendu abroger complètement tous les textes de la loi française sur la contrainte par corps et laisser en toutes matières les indigènes soumis à ce mode d'exécution tel qu'il est règlementé entre eux.

Cette assertion est-elle exacte ? Nous nous permettrons d'en douter. C'est donner à l'art. 1er du décret du 24 juillet 1893 (Penant 1893 p. 473) une extension que ses termes ne justifient nullement. On ne peut y voir autre chose que l'abrogation partielle du décret du 12 août 1891 (Penant 91, 92, p. 191) visé dans le préambule, qui avait rendu applicable en Cochinchine (et non en Indochine comme le dit notre arrêt) la loi du 22 juillet 1867, abolitive de la contrainte par corps. C'est, en termes indirects mais positifs, l'abrogation identique faite en termes purs et simples du même décret de 1891 à l'égard des indigènes de l'Inde française par celui du 12 février 1898 (op. cit. 1898 III, p. 59) L'un et l'autre de ces décrets d'abrogation doivent donc avoir les mêmes conséquences. Aussi, un jugement du Tribunal de première instance de Pondichéry, du 10 Octobre 1898 (op. cit. 1899, 1, 1279, 33) n'a pas hésité à reconnaître que l'abrogation prononcée par le décret du 12 Février 1898 a eu pour effet de remplacer les indigènes de l'Inde française sous l'empire de la législation antérieure sur la matière, c'est-à-dire des lois du 17 Avril 1832 et du 13 Décembre 1848. Et on nous permettra, pour justifier l'assimilation que nous venons de faire, en les appliquant à notre espèce, de répérer ici ce que nous disions dans nos observations sous ce jugement de Pondichéry: "Le rétablissement de la contrainte par corps dans nos établissements de l'Inde se justifie par d'excellentes raisons; ce sont celles visées dans le rapport du Président de la République précédant le décret du 12 février 1898, c'est-à-dire les dangers résultant de l'insuffisance des garanties réelles". On ne peut un instant douter (mutatis mulandis) que les législateurs de 1893 et de 1898 n'aient été guidés par les mêmes raisons, ce qui démontre surabondamment leur intention de remplacer les indigènes de la Cochinchine comme ceux de l'Inde sous la règle de la législation française antérieure à 1867, l'abrogation d'une loi remettant du reste des choses en l'état où elles é:aient avant l'abrogation de cette loi. Du reste, l'évidence en ressort du rapport précédant le décret de 1893, où le ministère s'exprime ainsi : "M. le Gouverneur a fait connaître à mon département qu'il y aurait de sérieux avantages à conserver pour les individus d'origine asiatique la législation en vigueur précédemment en Cochinchine.

C'est donc avec raison, nous semble-t-il, que nous pouvons prétendre que cette législation en ce qui concerne les indigènes de Cochinchine disons les indigènes de l'Indochine, aujourd'hui par suite de l'application qui en a été faite à nos autres possessions et pays de protectorat) est redevenu applicable aux Annamites et Asiatiques traitant avec les Français, Européens et assimilés, sans avoir à s'occuper, pour la solution de notre première question, de ce que fut la situation à leur égard entre 1867 et 1891. Cet état intermédiaire n'a rien à voir avec notre espèce.

Quant aux termes applicables, il n'en est pas d'autres que la loi du 17 avril 1832, mais seulement pour la dette n'ayant pas le caractère civil, comme nous l'avons relaté plus haut et comme nous l'avons expliqué en note sous l'arrêt précité du 10 juillet 1908. Ce caractère civil était-il attaché à la créance du banquier indien ? Ni le jugement, ni l'arrêt rapportés ne se sont arrêtés sur ce point ; c'était inutile en présence des décisions qu'ils devaient prendre. Au surplus, on sait que, sur la question de savoir si le prêt fait par un banquier en Indochine a ou non un caractère civil ou commercial, les tribunaux de nos possessions sont également en désaccord. Rappelons, sans revenir sur ce sujet, que nous nous sommes prononcés antérieurement en soutenant que le prêt, consenti par un banquier indien à un emprunteur indigène ou européen. a bien le caractère civil et non commercial. V. notes sous deux jugements du Tribunal de Cantho de 15 mai 1914 et 10 octobre 1916 (Penant 1916, 1. 3546-83 et 1917, 1, 3682, 1868). Cons. aussi au Recueil 1917, IIp.25 l'étude d'un de nos distingués collaborateurs sur le prêt à intérêt en Cochinchine.

En résumé, et sans nous arrêter à l'arrêté du Gouverneur Général de 1910, autrement que pour en nier à nouveau la légalité que l'arrêt semble du reste mettre en doute, bien qu'il en fasse état, nous prétendons que la contrainte par corps n'était pas légalement encourue dans notre espèce, qu'elle n'était pas imposable en vertu de la loi annamite, qu'elle n'eut pu davantage être prononcée en vertu de la législation française, parce que la dette avait le caractère civil.

Cons. au Recueil 1902, II, p. II une étude très complète sur la contrainte par corps dans les Colonies, par M. Leboucq, secrétaire de la rédaction.

(Tribune des Colonies — Janvier 1920 page 11)

La cour,

Attendu que pour refuser de prononcer la contrainte par corps contre les débiteurs, le premier juge invoque notamment l'art. 19 du décret du 17 mai 1895, qui dispose que la loi française régit toutes les inventions et toutes les contestations civiles ou commerciales entre Européens ou entre Européens et Indigènes ou assimilés ; qu'il en conclut que Tran-ngoc-Que et consorts ayant contracté avec un Européen ou assimilé, la loi française seule leur est applicable, et qu'ils échappent en conséquence à la contrainte par corps par suite de la promulgation dans la Colonie de la loi du 22 juillet 1867, abolitive de ce moyen d'exécution ;

Mais attendu que le décret du 12 août 1891 qui rendait, sans restriction, cette loi applicable dans toute l'Indochine, aussi bien aux Indigènes qu'aux Européens, a été profondément modifié par le décret du 24 juillet 1893 qui en restreint les effets aux seuls Européens assimilés que l'article 1er dudit décret décide, en effet, que les dispositions de la loi du 22 juillet 1897, portant suppression de la contrainte par corps en matière civile ou commerciale, et contre les étrangers ne seront applicables, en Indochine, qu'aux Français, Européens ou assimilés; qu'en outre, dans son article 2, il dispose qu'il n'est rien changé à la législation en vigueur en ce qui concerne les indigènes ; qu'en présence des termes formels de ce décret, il ne saurait être contesté que les Annamites et Asiatiques assimilés ont été exclus du bénéfice de la loi libératrice, et qu'ils restent soumis à l'application de la contrainte par corps en matière civile et commerciale; que la seule question à résoudre est de déterminer quelle est la portée du décret du 26 juillet 1893 et de rechercher quelle était la situation juridique des indigènes sous le régime de la législation antérieure expressément maintenue par ledit décret ;

Attendu que l'on a soutenu que les contestations entre Européens et Indigènes étant, avant la promulgation de la loi du 24 juillet 1867, régies comme aujourd'hui, par la loi française, les jugements rendus sur ces contestations n'étaient, à l'égard des indigènes, exécutoire par la contrainte par corps, que dans les cas où celle-ci était autorisée contre les Français ou Européens eux-mêmes, c'est-à-dire dans les cas prévus par les articles 2029 et suivants du code civil, par la loi du 17 avril 1832 et le décret des 13 et 16 décembre 1848 ;

Mais attendu que la contrainte par corps est prévue et règlementée par la loi annamite, qu'elle est applicable de plein droit à tout débiteur récalcitrant ou en retard; que justifiée et légitimée par des nécessités inhérentes à la nature propre de l'indigène, à son tempérament, à son caractère, adaptée à ses besoins et à son milieu conforme à ses traditions elle est pour l'Annamite d'ordre public et fait partie de cet ensemble d'institutions qui constituent son statut personnel et s'attachent d'une façon indélébile à sa qualité d'indigène qu'il tient de son origine ; que ce caractère étant reconnu à la contrainte par corps, il n'est pas douteux que ce mode de coercition doit être appliqué à l'Annamite dans tous les cas où il manque à ses engagements, quelle que soit la nationalité de son créancier ; que la Cour de Cassation a proclamé que, dans les pays comme l'Indochine, où il existe un dualisme de législations le juge doit s'inspirer des législations en présence, et il est inexact de dire que les dispositions d'une loi indigène ne sont applicables qu'en matière indigène et qu'il ne saurait en être question quand il s'agit d'un procès commis à une Chambre française qui ne doit appliquer que la seule loi française ; qu'il est de principe, au contraire, que dans les litiges entre ressortissants de législations différentes, les juges doivent, en tout ce qui touche le statut personnel, s'attacher à respecter la loi naturelle de chacune des parties ; qu'il s'ensuit que, même en matière française, l'Indigène reste soumis à son statut personnel, ainsi qu'aux obligations résultant de ce statut; que l'on est ainsi amené à cette conclusion que, dès avant 1893, la contrainte par corps devait être prononcée contre l'Annamite, conformément à sa propre loi, même à la requête d'un Européen, et qu'en renvoyant à la législation antérieure, le législateur de 1893 a entendu renvoyer à la législation annamite et aux textes qui sont venus la compléter ;

Attendu, au surplus, que, même si l'on admettait qu'avant 1893, la loi française seule régissait la contrainte par corps à l'égard des indigènes en contestation avec des Européens, il faudrait encore reconnaître qu'en tout cas le décret de 1893 a mis fin à cet état de choses ; que si, en effet, on recherche l'esprit de ce décret, on acquiert cette certitude que le législateur a entendu abroger complètement tous les textes de la loi française sur la contrainte par corps, et laisser, en toutes matières, l'indigène soumis à ce mode d'exécution tel qu'il était réglementé pour les

Annamites entre eux, que si des raisons d'ordre public et d'intérêt général ont nécessité le maintien de la contrainte pour l'indigène, on ne comprendrait pas que le législateur ait voulu que la situation de ce dernier fut, à ce point de vue spécial, régie par des dispositions différentes, suivant que son créancier est indigène ou européen; qu'il est inadmissible de croire qu'il ait entendu restreindre en matière française, l'application de la contrainte aux cas prévus par les art. 2509 et suivants du code civil, alors que ces articles ne sont plus applicables aux Européens et que d'autre part, ils ne répondent en aucune façon aux besoins locaux que semblable restriction ne se justifierait en rien et serait contraire à l'intention évidente du législateur;

Attendu que l'on trouve la manifestation non équivoque de cette intention, dans l'arrêté du 16 mars 1910 qui constitue le code de procédure civile applicable aux indigènes, et qui émane du Gouverneur Général de l'Indochine lequel a été lui-même l'inspirateur du décret de 1893; que sans rechercher la légalité des dispositions dudit arrêté relatives à la matière, il est cependant permis de tirer: arguments et arrêts rendus en toutes matières et par toute juridiction française contre un indigène ou asiatique, sont tous, de plein droit, exécutoires par la contrainte par corps, que le créancier soit européen ou indigène

Attendu, enfin, qu'il y a lieu de considérer que les raisons impérieuses qui ont motivé le maintien de la contrainte par corps contre l'Indigène, sont les mêmes, qu'il s'agisse d'un créancier européen ou d'un créancier indigène; que l'on ne comprendrait pas que le premier soit plus défavorablement traité que le second,

Attendu, il est vrai, que le premier juge invoque la réciprocité et fait valoir qu'il est choquant de voir prononcer la contrainte par corps contre un indigène à la requête d'un Européen qui n'est pas astreint lui-même à ce moyen de coercition;

Mais attendu qu'on se trouve en présence d'un texte formel, le décret du 24 Juillet 1893, qui fait une distinction entre les deux catégories de justiciables en réservant aux seuls Européens le bénéfice de l'abolition de la contrainte par corps; que la Cour ne saurait tenir cet acte pour lettre morte; que décider, d'autre part, que la contrainte par corps n'a été maintenue à l'égard des indigènes, c'est établir arbitrairement une distinction qui n'est pas dans le décret et que rien ne justifie ;

Considérant, au surplus, que, par deux arrêts récents, la Cour a fixé sa jurisprudence dans ce sens, que la contrainte par corps est un moyen de coercition existant aussi bien en faveur des Européens et assimilés qu'en faveur des Annamites ; qu'il y a lieu, dans ces conditions, de décider que c'est à tort que le premier juge a refusé faire droit aux conclusions du demandeur tendant à l'application de la contrainte par corps contre ses débiteurs:

PAR CES MOTIFS

Déclare l'appel recevable.

Donne défaut contre les intimés Tràn-ngoc-Quê et consorts :

Et faisant droit aux conclusions de l'appelant :

Infirme le jugement dont est appel, en celle de ses dispositions qui a refusé prononcer la contrainte par corps contre les débiteurs :

Dit que le montant des condamnations prononcées au dit jugement sera exécutoire par toutes les voies de droit et même par la voie de la contrainte par corps s'il y échet. . . . . .

MM. Habert, 1er Président. Canavaggio Subst. p. i. du Proc. Général. Crémazy avocat-défenseur.

2e ESPÈCE.— Contrainte par corps.— TRAN-TAI contre DIAGARASSANCHETTY. Conclusions de Me DARTIGUENAVE.

Attendu que par jugement de défaut du Tribunal de Mytho en date du 20 Décembre 1921 le nommé Trân-Tài a été condamné à payer au sieur Diagarassanchetty la somme de

Attendu que Trân-Tài a fait opposition audit jugement dans les délais légaux;

Attendu que l'opposant soutient que c'est à tort que le jugement du 20 Décembre 1921 a décidé qu'il lui serait fait application de la contrainte par corps.

I.— **EN DROIT.**— Attendu que la question de l'applicabilité de la contrainte par corps anx Annamites ou assimilés lorsqu'ils sont en contestation avec un Européen a déjà fait couler beaucoup d'encre ; qu'elle a motivé, depuis plus de vingt ans, de multiples décisions contradictoires; qu'enfin, à en croire une note parue dans le Journal Judiciaire de l'Indochine au bas d'un arrêt de la Cour d'Appel de Saigon (1re chambre) en date du 19 septembre 1919 (J. J. Mai 1920 p. 110) « La jurisprudence « longtemps incertaine en la matière paraîtrait définitive- « ment fixée par ledit arrêt qui, par la netteté de ses considé- « rations, la solidité de son argumentation, mettrait fin à « toute incertitude sur cette question ».

Mais attendu qu'en dépit de cette annotation ano- nyme et de l'autorité qui s'attache à l'arrêt du 19 septembre 1919 en raison de son auteur, il est permis de douter que ledit arrêt ait mis fin à toute controversé sur une question qui apparait comme aussi brûlante et aussi incertaine que par le passé ;

Attendu tout d'abord qu'il y a lieu d'opposer à l'arrêt du 16 septembre 1919 le jugement même du Tribunal de Cantho en date du 24 Juin 1919 qui, dans son ensemble, malgré quelques erreurs de détail, constitue une décision très-sérieusement motivée, dont les considérants sont même, il faut le reconnaître, plus juridiques que l'arrêt qui l'a infirmé ; que ce dernier, quoique net et précis, et ne s'embarrassant pas de complications juridiques est plus motivé en fait qu'en droit et cherche à emprunter sa force dans des considérations d'ordre politique qui n'ont rien de commun avec la discussion d'un texte de loi.

Attendu, d'ailleurs, que la **Tribune des Colonies** dans son numéro de Janvier 1920 page II, a inséré au bas de l'arrêt du 19 septembre 1919 une note dont les extraits ci-dessous méritent de fixer l'attention:

« L'arrêt ci-dessus reproduit fixera-t-il enfin la juris-
« prudence des tribunaux de l'Indochine sur la question
« depuis si longtemps controversée que cet arrêt résout
« aujourd'hui en décidant que le débiteur indigène anna-
« mite d'un créancier européen ou assimilé est contrai-
« gnable par corps pour le paiement de sa dette, qu'elle
« soit civile ou commerciale? Il est permis d'en douter, en
« présence des arguments contradictoires du jugement de
« 1re instance et de l'arrêt d'appel, plus ou moins renouvelés
« de ceux des décisions judiciaires antérieures...........

« Quoiqu'il en soit, nous nous autorisons de l'opinion
« que nous avons portée précédemment sur cette question
« dans le Recueil Général, ainsi que nous le rappellerons
« ci-après pour ne pas nous laisser convaincre par les mo-
« tifs invoqués par la Cour de Saigon dans son arrêt, bien
« que nous reconnaissions volontiers que sa doctrine ne
« saurait être qu'approuvée à la condition qu'un texte formel
« vînt la consacrer, car on ne peut méconnaître que l'Eu-

« ropéen, dans notre système est (disions-nous en note
« sous l'arrêt, de la Cour de l'Indochine du 10 Juillet 1908
« (Penant 1909, 1, 2632, 59) dans une situation défavorable,
« et que la meilleure de garanties pour le prêteur, c'est la
« contrainte par corps; mais ce texte, nous le prétendons
« tout au moins, **est encore à naître**.........Et d'abord
« il n'est pas admissible qu'il soit possible, à l'exemple de
« notre arrêt, de faire table rase d'un texte aussi catégorique
« que celui de l'article du décret du 17 Mai 1895 (Penant
« 1895, p.330, 317, 446 et 508) aux termes duquel la loi
« française régit toutes les conventions et contestations
« entre européens et indigènes ou assimilés, disposition,
« disons-le en passant. que du reste le tribunal de Cantho
« n'a aucunement invoquée pour asseoir son jugement
« comme l'arrêt infirmatif l'a dit à tort dans son premier
« considérant. Cette question du décret de 1895 **domine**
« **la question**; elle ne peut être détruite que par une
« abrogation qui n'a pas lieu».

II.— Seule solution de la question.

Attendu que c'est avec raison que l'arrêtiste du Recueil
Penant déclare que l'article 19 du décret du 17 Mai 1895
doit dominer la question; que c'est dans l'interprétation
de ce seul article que réside la solution du problème juridique qui a si longtemps divisé les Cours et les Tribunaux,
que l'article dont il s'agit **postérieur à tous les autres
textes:** aux articles 2059 à 2070 du code Civil, aux lois des
17 avril 1832 et 13 décembre 1848, au décret du 21 décembre
1864, à la loi du 22 Juillet 1867, au décret du 12 août 1891,
au décret du 24 Juillet 1893, absorbe ces textes, les abroge
et se substitue à eux sans qu'il soit nécessaire de les discuter; que toute argumentation en dehors de ce texte est spé-
cieuse et vaine; qu'à moins de vouloir ajouter à ce texte et
le déformer, il est impossible de ne pas y voir la condamnation claire, radicale et absolue de tout système condui-

sant à l'application partielle ou complète de la contrainte par corps au bénéfice de l'Européen contre l'Indigène; que notamment la prétention d'un arrêt du 14 Mars 1919 de voir la juridiction française appliquer aux justiciables indigènes certaines dispositions de la loi indigène aboutit au renversement de toutes les règles relatives à la compétence **ratione personœ** et à la confusion des deux statuts; que le seul remède au mal actuel, si mal il y a, consisterait dans la promulgation d'un nouveau décret abrogeant en tout ou en partie l'article 19 du décret du 17 Mai 1895; qu'en résumé il faut conclure de ce dernier texte qu'en matière civile comme en matière commerciale un Européen ou assimilé ne peut légalement exercer la contrainte par corps contre son débiteur indigène.

III.— Véritable portée du décret du 24 juillet 1893 — Historique de la contrainte par corps.

Attendu que la lecture attentive du décret du 24 Juillet 1893 ne permet pas de discerner nettement l'esprit de ce décret, le but qu'il se proposait et les fins qu'il voulait atteindre; que quoiqu'on en ait dit, le texte en est ambigu et qu'il ne suffit pas, pour en déterminer la portée exacte, de rechercher les intentions **probables** du législateur qui l'a édictée;

Attendu qu'à la lecture première de ce décret, on pourrait être tenté tout d'abord de se demander si le Département, en le promulgant n'a pas simplement voulu éviter qu'en vertu de la loi de 1867 abolissant la contrainte par corps, l'application de la contrainte par corps vienne à être discutée et niée même en matière **purement indigène**, c'est-à-dire dans les procès entre Annamites et assimilés mais attendu qu'il faut reconnaître qu'une pareille interprétation ne résiste pas à l'examen, l'article 2 du décret ainsi que le rapport préliminaire en employant les mots **législation en vigueur** et non **loi annamite** étant de nature à faire cesser toute équivoque à ce sujet ;

Attendu d'autre part qu'il faut bien reconnaître que la lenteur du Gouvernement Général de l'Indochine à promulguer la loi de 1867 supprimant en toute matière la contrainte par corps pourrait être une **présomption** que le décret du 24 Juillet 1893 avait pour but de remédier, en **faveur des** Européens aux inconvénients résultant de l'application de cette loi; mais attendu que ce n'est là qu'une **présomption**, que d'ailleurs elle vise simplement les intentions du Gouvernement local et non celles du législateur; que sans aller, comme le juge de Cantho, jusqu'à soutenir ou insinuer que le Département a été, pour ainsi dire induit en erreur et amené à promulguer une disposition à double entente dont pourraient bénéficier les Européens, il est permis de supposer que le but poursuivi par le Gouvernement de l'Indochine était plutôt une amélioration de la situation juridique des créanciers français vis à vis de leurs débiteurs indigènes qu'une préoccupation des relations litigeuses des indigènes entre eux, que les mots **contre les indigènes** placés à la fin de l'article 2 du décret, justifie cette interprétation;

Mais attendu qu'il est difficile de préciser jusqu'où le Gouvernement local entendait pousser l'amélioration juridique précitée; que d'ores et déjà cependant un court historique de la contrainte par corps en Indochine permet de supposer que les relations juridiques entre Annamites et Européens ne pouvaient être plus défavorables aux Indigènes que par le passé; en vertu de la promulgation du nouveau décret, qu'un tel mouvement de régression ne saurait logiquement s'expliquer;

Attendu que dans son étude sur la **contrainte par corps** parue dans le Journal Judiciaire de l'Indochine (1915 p. 440) M. Lencou-Barême en soutenant que la législation en vigueur visée par le décret du 24 Juillet 1893 était constituée par les lois de 1832 et de 1848 et les articles

2059 à 2070 du code civil, opinion d'ailleurs discutable, a
fort bien fait ressortir tout au moins que rien ne permet
d'induire de la lecture du décret de 1893 que son auteur
ait voulu faire cesser l'inégalité qui existait, avant le décret
de 1891, entre créanciers français et créanciers indigènes,
que tout, au contraire, démontre que le législateur a voulu
simplement tout au plus rétablir le **statu quo** troublé par
celui de 1891;

Attendu que ce **statu quo**. établi par de nombreux
arrêts, consistait à limiter l'application de la contrainte par
corps aux dettes purement commerciales; que les raisons
d'équité et d'ordre économique invoquées par l'arrêt du 19
septembre 1920 pour étendre l'application de cette contrainte
par corps à toutes les dettes en général au préjudice des
indigènes, raisons d'ordre politiqne, ne sauraient aller
contre la précision des textes; que d'ailleurs il est douteux,
en vertu de nos relations actuelles avec les Annamites,
qu'un décret ou une loi vienne un jour les consacrer; que
ce qui semblerait l'indiquer c'est que le texte, tant désiré
par certains, n'a jamais vu le jour, que l'arrêté du 16 mars
1910 et spécialement l'article 223 dudit arrêté n'ont jamais
été convertis en décret, et que la Cour de Cassation,
juridiction suprême, qui aurait pu mettre fin au conflit, n'a
jamais été appelée à dire son dernier mot sur une question
aussi importante.

IV.— Lois applicables en vertu du décret de 1893.

Attendu que la théorie de M. Lencou-Barême, qui
n'est d'ailleurs que la reproduction de plusieurs arrêts
antérieurs, et qui consiste à dire que le décret de 1893 avait
pour effet de rendre applicables aux Annamites le Code
civil promulgué par le décret de 1864 et, par voie de
conséquence, les lois de 1832. de 1848 et les articles 2059 à
2070 du C. C. si elle est plus juridique et plus libérale
que celle préconisée par l'arrêt du 19 septembre 1919, si
elle a été adoptée par de nombreux arrêts, parmi lesquels

il échet surtout de citer l'arrêt du 8 février 1918 (Présidence de M. Clayssen) prête néanmoins à la critique sur plus d'un point;

Attendu tout d'abord que les lois de 1832 et de 1848 n'ayant pas été promulguées en Indochine par un arrêté spécial, il peut paraître quelque peu douteux qu'elles aient été promulguées par le fait même de la promulgation de notre code civil en 1864, qu'il ne faut pas oublier que la loi de 1832 fut déclarée applicable aux autres colonies par une ordonnance du 12 juillet 1832 (Etude de P. Leboucq sur la contrainte par corps aux Colonies, Tribune des Colonies 1902, Doctrine page 13), que la loi de 1867 supprimant la contrainte par corps fut également promulguée en Indochine en 1891, qu'on peut se demander dans ces conditions pour quels motifs la loi de 1832 n'aurait pas fait l'objet d'une promulgation spéciale en Cochinchine;

Attendu enfin et surtout qu'il peut paraître spécieux, anormal et même exorbitant que le décret du 24 juillet 1893 ait eu pour conséquence de faire revivre en Indochine des dispositions législatives qui, par le fait même de la loi de 1867, avaient depuis longtemps disparu de l'arsenal de nos lois; qu'une loi abrogée **est abrogée pour toujours** et ne saurait revivre au préjudice ou au bénéfice d'une certaine classe ou d'une certaine race de justiciables, que ces vérités ont tellement frappé les juges d'appel qui ont rendu l'arrêt du 19 septembre 1919, qu'ils ont délibérément repoussé la théorie de M. M. Lencou-Barême et Clayssen pour adopter une solution plus radicale encore et plus éloignée des textes d'ailleurs;

Qu'ils n'ont point vu que toute discussion en dehors de l'article 19 du décret du 17 mai 1893 portait à vide, qu'elle risquait d'éterniser inutilement le débat. et pouvait même les conduire dans leur décision à une rédaction défectueuse.

Que notamment l'arrêt du 19 septembre 1919 en déclarant **que l'Annamite tient sa qualité d'indigène de son origine** n'a fait qu'énoncer un truisme sans portée juridique; qu'en déclarant d'autre part que pour l'Annamite la contrainte par corps est **d'ordre public** ledit arrêt n'a point songé à se demander si **l'ordre public** n'implique pas la **réciprocité** entre tous les ressortissants intéressés à ne pas voir troubler ledit ordre public;

Attendu que l'arrêt du 19 septembre 1919 en déclarant **impérieuses** les raisons qui doivent motiver le maintien de la contrainte par corps au bénéfice des Européens entre les indigènes semble obéir à des considérations nationales, respectables sans doute, mais étrangères à la discussion impartiale d'un texte de loi, qu'en faisant ressortir ensuite que l'on ne pourrait comprendre qu'un créancier annamite vis-à-vis d'un débiteur annamite soit plus favorablement traité qu'un créancier français vis-à-vis du même débiteur, le même arrêt semble avoir oublié que les études relatives au statut personnel d'un peuple peuvent se passer de comparaisons que pour illustrer par un exemple cette assertion, il ne viendrait à l'esprit de personne de proposer au bénéfice des Européens la suppression en Indochine des peines concernant la bigamie, sous le prétexte que les Annamites, pouvant épouser plusieurs femmes, échappent à de pareilles dispositions pénales, que pas davantage un esprit logique ne saurait proposer de limiter le mariage annamite aux mêmes restrictions que le mariage français sous le prétexte que, les Français ne pouvant épouser qu'une femme, il serait injuste que les Annamites puissent en épouser plusieurs, qu'enfin, si tant est qu'on veuille comparer la situation du créancier français à celle du créancier indigène on doit considérer comme souverainement injuste que le **créancier** français et **même le créancier indien** aient le droit de faire incarcérer leur débiteur, sans que ce dernier puisse user de mêmes droits vis-à-vis d'eux, si par hasard il devient leur créancier; qu'une telle situation, **surtout vis-à-vis des chettys** est de nature à révolter la conscience annamite; qu'elle est contraire à la **Déclaration des Droits de l'Homme.**

Par ces motifs, et tous autres à déduire des décisions de justice et documents versés au dossier.

Plaise au Tribunal

Recevoir l'opposition comme bonne et valable,

Déclarer en conséquence nul et non avenu le jugement de défaut en date du 20 Décembre 1921 en ce qu'il a appliqué à l'opposant la contrainte par corps, l'article 19 du décret du 17 Mai 1895 s'opposant à l'application de la contrainte par corps au bénéfice d'un Européen ou assimilé contre un Indigène quelle que soit la nature de la dette; **Subsidiairement,** et au cas où le tribunal croirait devoir faire siens les motifs développés dans l'arrêt de la cour d'appel de l'Indochine du 6 Mai 1918.

Dire et déclarer que Diagarassanchetty étant un prêteur indien et la dette contractée vis-à-vis de lui une dette civile, il ne saurait être fait application de la contrainte par corps au sieur Tràn-Tai.

Mytho, le 18 Mars 1922

Et ce sera justice
Pour conclusions
L'Avocat-défenseur,

H. DARTIGUENAVE

Jugement du tribunal de Mytho
du 4 avril 1922,(Présidence de M· Barrière)

Attendu que par exploit d'Ignace,huissier à Mytho,en date du 16 février mil neuf cent vingt deux, Trân-Tai a fait opposition à l'exécution d'un jugement du Tribunal de Mytho du vingt décembre 1921 qui l'a condamné par défaut par toutes les voies de droit et même par corps au paiement de la somme de six cent vingt cinq piastres et intérêts ; Attendu que cette opposition est régulière en la forme qu'il y a lieu de la recevoir ; Attendu que Trân-Tài soutient à l'appui de son opposition que les Tribunaux statuant en matière civile française ne peuvent prononcer la contrainte par corps contre un indigène ou assimilé au profit d'un Européen ou assimilé; Attendu que cette question de première importance a donné lieu à de longues controverses et à de nombreuses décisions de justice dans les sens les plus divers ; Attendu que ces divergences provenaient de la façon dont chaque juridiction interprêtait et combinait entre eux les divers textes relatifs à la matière : articles 2059 à 2070 du code civil loi du 17 avril 1832, loi du 13 décembre 1848, loi du 22 juillet 1867, décret du 12 août 1891, décret du 24 Juillet 1893, décret du 17 mai 1895, arrêté du seize mars 1910 ; Qu'à travers l'enchevêtrement des promulgations et des abrogations de tous ces actes législatifs, compliqués de considérations économiques ou morales, des systèmes paraissant également juridiques et logiques aboutissaient à des conclusions contraires sur l'applicabilité de la contrainte par corps ; Mais attendu que l'ère de ces discussions semble bien avoir été close par un arrêt de principe rendu le dix-neuf septembre 1919 par la Cour d'appel de Saigon ; Attendu en effet que dans cet arrêt, le Cour de Saigon examinant la question d'un point de vue plus élevé que précédemment ne s'osbtine pas à vouloir former un ensemble harmonieux par l'assemblage de textes hétéroclites mais portant ses regards au delà de ces textes jusqu'aux principes qui dominent la question, constate que la contrainte par corps édictée par l'ancienne loi annamite fait partie du statut personnel des indigènes que les Tribunaux respectent en toute matière ; Attendu que cette constatation est exclusive de toute contradiction avec les textes cités plus haut et qu'elle concilie notamment l'application de la contrainte par corps au profit des Européens avec l'article 19 du décret du 17 mai 1895 ; Qu'en effet la contrainte par corps apparait dès lors comme faisant partie de ce faisceau d'institutions qui s'imposent au juge aussi bien lorsqu'il applique la loi française que la loi annamite et qu'on ne saurait l'écarter plus facilement que le huong hoa ou la polygamie ; Attendu d'autre part que cette constatation est conforme à la vérité et se trouve confirmée par l'étude de la loi annamite et des coutumes indigènes ; Attendu que cette solution donnée par l'arrêt de mil neuf cent dix-neuf a été implicitement confirmée par le législateur Qu'en effet si celui-ci avait estimé qu'en matière civile la jurisprudence interprétait contrairement à ses vues l'article dix-neuf du décret de mil huit cent quatre vingt quinze il n'aurait vraisemblablement pas reproduit presque textuellement celui-ci comme il l'a fait dans l'article cent douze du décret du seize février 1921, mais au contraire il en aurait modifié la rédaction de façon à supprimer toute interprétation vicieuse. Attendu qu'il résulte de ce qui précède que l'opposition de Trân-Tài est mal fondée et que le jugement du 20 décembre 1921 rendu en matière civile français a justement ordonné sa contrainte par toutes les voies de droit et même par corps.

PAR CES MOTIFS

Déclare régulière en la forme l'opposition formée par Trân-Tài à l'exécution du jugement de 20 décembre 1921 ; Au fond l'en déboute. Le condamne aux dépens liquidés à trois piastres cinquante cents.

Appel de TRAN-TAI devant la Cour. — Nouvelles conclusions de Me DARTIGUENAVE ainsi conçues.

Attendu que le jugement du 4 avril 1922 dont est appel ne renferme aucun argument nouveau et décisif en faveur de la théorie de l'application de la contrainte par corps au bénéfice des Européens et assimilés contre les Indigènes de l'Indochine.

Que l'argument tiré de ce que l'article 112 du décret du 16 Février 1921 réorganisant la Justice en Indochine a reproduit presque textuellement l'article 19 du décret du 17 mai 1895 est sans portée; qu'il renferme une pétition de principes.

Qu'en effet c'est précisément parce que cet article 112 a reproduit l'article 19 du décret du 17 mai 1895 qu'il faut en inférer que la contrainte par corps n'est par plus applicable en vertu du nouveau texte que par le passé.

Que d'ailleurs pour l'établir il suffirait au besoin de rappeler que l'auteur premier du projet de réorganisation ayant abouti au décret du 16 février 1921 a toujours été nettement hostile à l'application de la contrainte par corps contre un indigène pour une dette civile.

Attendu d'autre part que le jugement dont est appel en prétendant que l'arrêt du 19 septembre 1919 a examiné la question de la contrainte par corps à un point de vue plus élevé, ne fait qu'émettre une appréciation discutable.

Qu'on peut soutenir au contraire que la question a été examinée, à un point de vue beaucoup plus libéral, plus humain et plus juridique à la fois par les décisions en sens contraire.

Attendu que l'on ne s'explique pas comment la jurisprudence coloniale n'applique la contrainte par corps ni aux millions de Malgaches de la grande île de l'Océan Indien ni aux millions de noirs de l'Afrique Occidentale Française pour l'appliquer aux sujets français et protégés de l'Indochine, au moins aussi évolués que les premiers et ce au bénéfice des Européens et même des Indiens assimilés à ces derniers.

Attendu que si la Cour de Cassation ne s'est pas encore prononcée sur cette importante question elle semble cependant avoir manifesté ses tendances par un arrêt de la Chambre criminelle du 4 mai 1900 ;

Attendu en effet que la Cour de Cassation a jugé que la contrainte par corps n'est attachée qu'aux condamnations à une peine pécuniaire pour crime, délit ou contravention et ne saurait être prononcée en dehors de ces cas ; que par conséquent la contrainte par corps ne peut être prononcée contre un accusé acquitté ou absous mais condamné à des dommages intérêts envers la partie civile à raison d'une faute constituant simplement un quasi-délit ;

Attendu que si cet arrêt ne tranche pas à proprement parler la question actuelle on peut cependant en inférer que la Cour suprême ne se déjugerait pas si une condamnation avec application de la contrainte par corps, prononcée par une Cour criminelle au bénéfice d'un Européen contre un Indigène lui était soumise ;

(Cass. Crim. 4 Mai 1900).

Attendu en résumé que l'appelant reproduisant tous les arguments développés précédemment dans ses conclusions en date du 18 mars 1922 déclare y persister et demander l'adjudication de ces dernières ;

Par ces motifs

Plaise à la Cour,

Infirmer le jugement dont est appel.

Dire que la contrainte par corps n'est pas applicable à Trân-Tài, la contrainte par corps ne pouvant en Indochine être appliquée à un indigène au bénéfice d'un Européen ou Assimilé ;

Subsidiairement, dire tout au moins que la dette contractée par Trân-Tài au profit de Diagarassanchetty étant une dette purement civile, la contrainte par corps ne saurait être appliquée à Trân-Tài ;

Condamner l'intimer aux dépens.

Pour conclusions,

L'Avocat - défenseur .

Signé **:** **Dartiguenave**.

La Cour d'Appel a confirmé le jugement du Tribunal de Mytho du 4 Avril 1922.

Chapitre X

(Leçon professée à l'Université de Hanoi le 5 Mai 1919)

DE LA SOLIDARITÉ EN DROIT ANNAMITE

I. — Historique. — Droit romain. — Ancien droit. — Droit français

« La solidarité, dit Planiol, constitue une des
« parties les plus importantes de la théorie des obliga-
« tions ». (Planiol droit civil. tome II, page 233).

« Elle est, dit le même auteur, une manière d'être
« spéciale des obligations qui s'oppose tantôt à la divi-
« sion de la créance et tantôt à la division de la dette ;
« au premier cas on l'appelle solidarité active parce
« qu'elle existe entre créanciers, et, au second, solida-
« rité passive parce qu'elle existe entre débiteurs. Dans
» un cas comme dans l'autre elle constitue toujours
« une faveur pour un créancier.»

On sait que l'on distingue aussi la solidarité
légale et la solidarité conventionnelle. Les cas de solidarité légale sont très nombreux. Nous citerons parmi les plus fréquents, celui des co-emprunteurs d'une
même chose (art. 1887 C. C.) celui des co-mandants
envers le mandataire (art. 2002), celui des co-signataires d'une lettre de change (art. 140 C. Commerce)
celui prévu à l'encontre des co-auteurs et complices
d'un même crime ou d'un même délit (art. 55 C.
Pénal) pour le paiement des amendes..........etc.

Nous n'avons l'intention d'étudier dans ces notes qu'une seule des multiples questions qui soulève la solidarité:—La solidarité passive et conventionnelle se présume t-elle en droit Annamite ? Est-il nécessaire au contraire. comme en droit français, qu'elle soit formellement exprimée? Cette question, envisagée, seulement au point de vue des reconnaissances de dettes ou simples billets, en matière civile, peut présenter un intérêt pratique assez sérieux.

Droit romain

Le droit romain connaissait la solidarité. La solidarité parfaite était désignée sous le nom de corréalité. Mais il ne faudrait pas croire qu'en droit romain la solidarité se présumait. Elle était au contraire soumise à l'origine à des formes expresses et sacramentelles:— « Le contrat dans lequel la corréalité a « pris naissance, dit M. Girard, est le contrat verbal « où elle était établie a l'origine selon des formes sa- « cramentelles qui nous sont connues; par la pronon- « ciation de toutes les interrogations avant une répon- « se unique quand on voulait établir une corréalité « active; par la prononciation de toutes les réponses à « une interrogation unique quand on voulait établir « une corréalité passive..... Quant aux raisons pour « lesquelles cette clause était insérée dans les actes, « c'étaient celles mêmes pour lesquelles les parties « pouvaient trouver avantageux d'écarter la division, « de rendre le créancier maître de demander le tout « ou partie à chaque débiteur». (Girard. — Droit « Romain page 739.)

Ancien droit.

L'ancien droit français emprunta les principes de la solidarité au droit romain.

Toutefois « le mot solidaire a été forgé par les « auteurs modernes et ne parait pas remonter au delà du XVIII⁰ siècle » (Planiol, droit civil II page 233- Dans cet ancien droit, la solidarité entre débiteurs « ne se présumait pas. «Pothier disait que la solidarité « doit être exprimée, sinon lorsque plusieurs ont « contracté une obligation envers quelqu'un ils sont « présumés ne l'avoir contractée que pour leur part: « la raison en est que l'interprétation des obligations se « fait, dans le doute, en faveur des débiteurs ⸲Pothier, « Des obligations –n⁰265⸲. Ce n'est pas précisément là « le vrai motif de décider. Quand plusieurs personnes « s'engagent, sans exprimer l'intention que chacune « s'oblige pour le total, on applique la règle d'après « laquelle les dettes se divisent d'après le nombre des « débiteurs; chacun d'eux ne contractant que dans la « proportion de son intérêt donc pour sa part virile. « La division étant la règle, la solidarité qui exclut la « division est une exception. Or toute exception doit « être stipulée en termes formels: Il va donc sans dire « que la solidarité ne se présume jamais ».

(Laurent Droit civil Tome 17 page 283).

Le droit commun, en matière d'obligations, c'est la division de la dette entre les co-débiteurs, qui sont présumés avoir un intérêt séparé et distinct. Dans notre ancienne législation la solidarité apparaîtrait comme une dérogation au droit commun.

«La solidarité est une dérogation au droit
" commun, d'après lequel l'obligation contractée par
" plusieurs conjointement se divise entre les débiteurs,
" et cette dérogation entraîne une aggravation pour
" les débiteurs. Il y a donc une double raison pour
" ne pas la présumer. Aussi a-t-il toujours été de
" règle dans notre ancien droit qu'elle devait être
" exprimée. »

(Carpentier Obligations) p. 41, n° 228.

Ces mêmes principes ont fait décider par
l'article 1202 de notre Code civil que : «La solidarité
ne se présume pas. Il faut qu'elle soit expressément
stipulée».

II. — Droit annamite. — Silence de la loi. — Variations dans la jurisprudence. La coutume.

Il n'existe pas à notre connaissance, de mot
annamite pour exprimer le terme solidarité, ou du
moins ce dernier ne pourrait être traduit que par une
périphrase. — Il n'est pas d'usage dans les actes de
stipuler la clause de solidarité. — Le code annamite
traduit par Philastre ne parle pas non plus de la
solidarité. Est-ce à dire qu'en fait les Annamites
ignorent la solidarité ? Non. Nous allons même
voir que d'après certains arrêts elle serait toujours
sous-entendue, qu'à l'inverse du droit français, au
lieu de constituer une dérogation au droit commun,
elle constituerait la règle en matière d'obligations.
Solution peut-être hardie et dont il nous faudra
rechercher le fondement.

Si la loi est muette au sujet de la solidarité, les projets de Code civil annamite ne le sont pas.

Le projet de Code civil élaboré il y a plusieurs années en Cochinchine par une commission dont faisait partie M. Durrwell, président de la Cour d'Appel, porte dans un article 652 : « La solidarité ne « se présume pas. Il faut qu'elle soit expressément « stipulée. »

Mais ce même projet de Code, dans un article 1085 relatif au cautionnement, s'exprime ainsi :

Art. 1085.— « Le cautionnement doit être ex-« pressément formulé Mais il suffit pour cela que « la qualité de la caution formule consacrée : bao « lanh, soit indiquée d'une manière quelconque dans « l'acte. En dehors de cette mention, les signataires de « l'obligation sont réputés solidairement engagés entre eux. » Ce qui fait qu'en définitive on ne sait pas quelles étaient les idées du législateur de Cochinchine en matière de solidarité.

Le Code civil à l'usage des tribunaux indigènes du Tonkin est actuellement à l'étude. Nous avons cependant un exemplaire d'un premier projet qui portait dans son article 602 :

Art. 602.— « La solidarité ne se présume pas. « Il faut qu'elle soit expressément stipulée.— Cette « règle ne cesse que dans le cas où la solidarité a lieu « de plein droit en vertu d'une disposition de la loi ».

La jurisprudence des tribunaux en matière de solidarité n'est pas uniforme en Indochine.

Un arrêt de la Cour d'Appel de l'Indochine en date du 30 octobre 1913 (J. J. 1914 page 289) statuant en matière de cautionnement et par conséquent sur un point étranger à notre sujet semble avoir admis le principe qu'en matière annamite la solidarité ne se présume pas. — Voici les principaux considérants de cet arrêt, rendu à la présidence de M. Campagnol, vice-président :

«—En ce qui concerne la condamnation solidaire du débiteur principal et de la caution :

«Attendu qu'en droit annamite il n'existe pas de texte « relatif au cautionnement et à ses effets ; que l'article 134 « Décret I du code Philastre, vise des cas particuliers que « rien n'autorise à généraliser, que de plus ce décret ne « stipule nullement que la caution et le débiteur principal, « soient solidairement obligés ;

«Attendu que la solidarité ne se présumant pas, il est « rationnel et conforme au droit commun de décider qu'à « défaut de toute formule la prohibant, le bénéfice de « discussion existe en droit annamite..............»

Mais un arrêt de la 3ème Chambre en date du 12 avril 1912 (J.J. 1912 page 323) semble admettre le principe contraire — (M.M. de Quiévrecourt, Président; Mansencal et Clayssen, conseillers).

«Attendu, dit cet arrêt, que si, en droit annamite, la solidarité se présume, cette présomption doit être restreinte aux obligations ayant pour objet des sommes d'argent ; qu'il ne saurait en être question quand il s'agit de redevances dues par des colons partiaires cultivant individuellement et séparément pour le compte d'un même propriétaire des terrains déterminés...»

Enfin ce même principe a été formellement reconnu par un arrêt tout récent de la 3ᵐᵉ chambre siégeant à Hanoi, en date du 11 avril 1919 (M. Mansencal, président) que l'on peut considérer comme «l'arrêt-type» en la matière, et dont voici les principaux considérants :

Du 11 avril 1919.

Trinh-khac-Vy et Hoang-manh-Tong contre Pham-ngoc-Ho et Pham-duy-Phuong.

La Cour,

«Au fond.

«Attendu que Trinh-khac-Vy fait plaider d'une part « qu'il n'est pas tenu solidairement avec Hoang-manh-Tong « au paiement de la somme de 2.200$ montant en principal « de deux reconnaissances de dettes par eux souscrites « les 29 novembre et 3 décembre 1912 au profit de la « nommée Pham-thi-Rien aux droits de laquelle sont « aujourd'hui les intéressés et d'autre part qu'il se trouve « libéré du fait du versement par lui effectué le 23 mars « 1913 de la somme de 558 piastres ;

«Et attendu que les deux reconnaissances de dettes « sur lesquelles est fondée la demande de paiement à « laquelle Trinh-khac-Vy seul résiste, sont conçues en « termes identiques ;

«Que Hoang-manh-Tong et Trinh-khac-Vy y déclarent « qu'ayant besoin d'argent pour faire face à leurs dépenses « ils ont eu recours aux bons offices de Pham-thi-Rien et « s'engagent à rembourser à leur créancière les sommes « par elle prêtées ;

«Que sans doute une pareille stipulation en droit « français ne constituerait qu'une obligation conjointe « n'assujettissant chaque co-débiteur qu'au paiement de sa « part virile de dette ;

« Mais attendu que s'il en est ainsi en droit français
« c'est parce que le législateur a pris soin de disposer qu'au
« cas où deux ou un plus grand nombre de débiteurs se
« seront obligés à une même chose, le créancier ne pourra
« réclamer la totalité de sa créance indifféremment à l'un
« ou à l'autre de ses débiteurs que s'il a été expressément
« stipulé lors de la convention qu'il y aurait entre eux
« solidarité ;

« Et attendu que dans la loi annamite aucun texte ne
« subordonne la faculté pour le créancier de s'adresser à
« l'un ou à l'autre de ses débiteurs à une stipulation ex-
« presse énoncée à l'acte constitutif de la créance ;

« Qu'on est donc en droit de penser, devant le silence
« gardé par le législateur annamite, que toute obligation
« souscrite par plusieurs débiteurs concurremment, ce qui,
« dans l'esprit du prêteur, doit lui assurer une chance de
« remboursement plus grande, engage chacun d'eux, en
« l'absence de stipulation contraire insérés au titre de
« créance, au paiement intégral de la dette, sauf recours
« entre eux ;

« Qu'ainsi se trouve justifiée l'opinion émise dans
« certains arrêts et que la Cour partage, à savoir qu'à l'in-
« verse de ce qu'a prévu le Code Napoléon, la solidarité en
« droit annamite n'a pas besoin d'être expressément stipulée
« et est au contraire toujours présumée quant aux obliga-
« tions ayant pour objet des sommes d'argent ; qu'au
« surplus, si la loi annamite est muette sur ce point, la
« coutume admet, elle, que tous les signataires de l'obli-
« gation sont réputés solidairement engagés pour son
« exécution........................... »

On remarquera que la partie finale de l'arrêt ci-dessus précise que d'après la coutume la solidarité en droit
annamite se présume toujours. Nous avons consulté à ce

sujet quelques avocats, quelques mandarins et quelques interprètes. Il faut reconnaître que tous nous ont déclaré qu'à leur avis la solidarité, en droit annamite, se présumait toujours en matière de prêts d'argent.

III. — Discussion

Partant de ce principe que d'après le droit romain d'après notre ancien droit, d'après notre Code civil, lui-même adopté par la plupart des législateurs de l'Europe, la solidarité ne se présume pas, nous avions pensé qu'une telle règle pouvait être considérée comme dérivant du droit naturel et introduite, par suite, dans la législation applicable aux Annamites. La jurisprudence n'avait-elle pas, dans des espèces différentes, puisé dans le droit naturel la source de maintes de ses décisions ?

N'avait-elle pas notamment décidé que, pour le nantissement immobilier, la clause attributive de propriété en cas de non paiement à l'échéance, est nulle en droit annamite par analogie avec les dispositions de l'article 2088 de notre Code civil ? Et les raisons qui avaient décidé la jurisprudence locale à se prononcer dans ce sens n'étaient-elles pas surtout empruntées au droit naturel dans ce qui, dans toutes les législations, s'oppose aux conventions ayant pour résultat de déguiser les prêts usuraires ?

Ces raisons n'ont pas paru convaincre tout le monde, et nous avons rencontré des contradictions.—
« Et d'abord, nous a dit l'un d'eux, qu'est-ce au
« juste que ce droit naturel, que vous invoquez si
« souvent, tantôt pour l'opposer au droit positif, tan-

« tôt, comme en l'espèce, pour l'opposer à la cou-
« tume? Pourriez-vous tout au moins nous en donner
« une définition exacte ? — Les définitions sont toujours difficiles, et celle du droit naturel l'est plus que
tout autre. Certes, nous connaissons les reproches que
l'on fait à ceux qui veulent considérer le droit naturel
comme le droit idéal.— « Supposer qu'il existe, à
« côté, de chaque loi humaine, une loi idéale conce-
« vable par l'intelligence et qui en serait le modèle,
« c'est réduire le droit naturel au sort de tout idéal
« c'est-à-dire, sinon au néant, du moins à l'état de
« conceptions individuelles indéfiniment variées. Si
« chacun de nous, en étudiant une loi quelconque
« et en concevant une autre loi qui serait meilleure
« selon ses idées personnelles concourt ainsi à la for-
« mation du droit naturel, celui-ci ne représentera qu'-
« une collection hétérogène d'opinions dissemblables.
« Toute conception est vaine qui réduit le droit na-
« turel à l'état idéal. »

(Planiol, Droit civil Tome 1 page 2).

Mais si le droit naturel n'est pas idéal, il existe
cependant. « Il se compose d'un petit nombre de
« maximes, fondées sur l'équité et le bon sens, qui
« s'imposent au législateur lui-même et d'après les-
« quelles l'œuvre législative pourra être appréciée,
« louée ou critiquée (Planiol tome 1 page 3). Il est
en quelque sorte supérieur à la loi. Dans ses rapports
avec le droit coutumier, si l'on considère que ce dernier est celui qui " révélé par une intuition immédiate à la conscience collective du peuple, a passé

dans la pratique ". on peut dire avec M. M. Aubry et Raud que le droit coutumier ne peut, en principe être contraire au " droit naturel tel que nous le comprenons ". (Aubry & Raud Cours le droit civil français, tome 1 page 4).

Mais quittons pour un instant le droit naturel et examinons, en essayant de l'analyser, un exemple banal de dette conjointe, au sujet de laquelle la solidarité n'a pas été expressément stipulée.

" Pierre et Paul ayant besoin d'argent, empruntent à Jacques la somme de mille francs qu'ils s'engagent à lui rembourser au bout d'un an. — Il est certain tout d'abord que Jacques ne pourra jamais exiger plus de mille francs. La remarque peut sembler puérile. Il convient de la faire cependant. « Caius et Titius promettent 1000 fr. à Scius. « — Remarquons tout d'abord que cette façon « de s'exprimer est ambiguë On ne sait si Caius et « Titius promettent chacun une somme de 1000 fr. « à Scius ou seulement de mille francs entre eux « deux. Néanmoins comme ce qui est ambigu s'interprète en faveur de celui qui a contracté l'obligation « il est certain qu'il n'est dû à Scius qu'une somme « de mille francs, une fois payée ». (Toullier Droit civil français Tome 6 page 740).

. Les deux débiteurs ont souscrit un billet. Ils ont donc contracté un engagement écrit qui n'a été corroboré par aucune déclaration verbale. Mais supposons qu'interpellés individuellement, après la passation de l'écrit; ils aient chacun séparément promis la somme intégrale. Le contrat, dans ce cas, changerait de caractère, et, conforme à certains contrats du droit romain, entraînerait la solidarité. C'est ce qu'a très bien fait ressortir M. Larombière dans les lignes suivantes :

« La solidarité peut résulter de la seule ma-
« nière dont les co-débiteurs se sont obligés. Tels
« sont les effets de cette formule de stipulation que
« nous empruntons à la loi romaine; je stipule :
« Mœvius, vous vous engagez à me donner dix écus
« d'or ? Et vous, Scius, vous vous obligez aussi à me
« donner ces mêmes dix écus d'or ? Si chacun d'eux
« répond séparément, je m'y oblige, ils se constituent
« par les débiteurs solidaires, duo rei promittendi ita
« fiunt. C'est que chacun d'eux a promis la totalité.—
« Il y aurait également solidarité de leur part, si après
« les avoir interrogés l'un et l'autre en même temps,
« et leur avoir demandé, qui de vous payera ? Tous
« deux répondaient: moi, moi. Chacun d'eux s'est en
« effet obligé à la totalité.» (Larombière Théorie des obligations Tome III page 402).

Mais Pierre et Paul se sont simplement engagés par écrit, par un seul écrit. Et d'abord, pourquoi par un seul écrit? Supposons, ainsi que le dit l'acte, et ce qui est le cas normal, qu'ils aient chacun besoin d'argent. N'était-il pas plus simple que Pierre souscrive un billet, et Paul un autre, pour la somme qui leur était nécessaire? Plusieurs raisons ont pu les décider à ne souscrire qu'une seule obligation. D'abord cela est plus simple et plus rapide. Ensuite le prêteur qui consentira

peut-être volontiers un prêt de mille francs, générale-
lement productif d'intérêts, hésitera à prêter cette
même somme en deux fois, pour les mêmes raisons de
célérité et de simplification. Est-ce à dire que ses chan-
ces de remboursement soient plus grandes, s'il est en
présence de deux co-débiteurs engagés dans le même
billet? c'est ce que semble dire l'arrêté du 11 avril
1919 dans le considérant: «Qu'on est donc en droit de
« penser, devant le silence gardé par le législateur an-
« namite, que toute obligation souscrite par plusieurs
« débiteurs concurremment, ce qui, dans l'esprit du
« prêteur, doit lui assurer une chance de rembourse-
« ment plus grande, etc.........»

Mais cela n'est exact que si les deux co-débiteurs
ne sont pas également solvables. Et c'est ce qui, en fait,
arrive parfois. Pierre peut n'être solvable que pour
200 fr. tandis que Paul l'est pour 800 francs. Pierre
peut n'avoir besoin que de 200 francs, tandis que Paul
a besoin de 800 francs. Aussi peut-il arriver qu'à l'insu
su du créancier, ils se partagent la somme empruntée
en parts inégales. Aux yeux du créancier, ils doivent,
en principe, être responsables au moins pour la
moitié chacun, c'est-à-dire pour 500 francs.

Mais est-il admissible que Pierre et Paul n'aient
pas chacun un intérêt dans l'obligation? Non, car on
peut se demander pour quel motif l'un ou l'autre auraient signé le billet.

« Chacun n'étant censé stipuler que pour soi et
« pour son propre intérêt, chacun des créanciers qui
« stipule une seule et même somme a l'intention d'en
« stipuler une partie à son profit, et, comme chacun
« d'eux a la même intention, les parts doivent être
« égales; et de même chacun des débiteurs qui promet-
« tent une même somme par le même acte n'est censé
« promettre que sa part virile». (Toullier Droit civil
français Tome 6 page 842).

Dira-t-on que, soit vis-à-vis de son codébiteur
soit vis-à-vis du créancier, l'un des codébiteurs a taci-
tement promis, sans avoir lui-même rien touché, de
payer aux lieu et place dudit débiteur? Cela deviendrait
un véritable cautionnement « La solidarité n'est au
« fond qu'un cautionnement mutuel, chacun des dé-
« biteurs solidaires fait office de caution pour la part
« des autres, encore que la loi ne les traite pas à tous
« égards comme cautions les uns des autres. (Planiol
droit civil Tome II page 745). Mais cette promesse tacite de quel droit le créancier l'invoquerait-il? Une telle
promesse n'est point écrite dans l'acte. Elle est contraire aux conventions expresses des parties. Pour jux-
taposer au prêt pur et simple prévu à l'origine, une
garantie contractuelle non stipulée, il manque à cette
dernière l'élément essentiel de tout contrat: le consentement. Si le silence ou les faits suffisent parfois pour
établir le consentement tacite, on ne saurait généraliser
ces règles et les appliquer à des cas autres que ceux
prévus par la loi, notamment par l'article 1685 (man-
dat) ou 1756 (tacite reconduction) de notre code civil.

Cette argumentation très solide qui est celle de tous les auteurs de droit civil, ne nous parait rencontrer qu'une objection sérieuse. Si c'est, pour ainsi dire, en vertu des principes du droit naturel que dans toute obligation ayant pour objet une somme d'argent, la solidarité ne se présume pas, d'où vient que cette règle n'est point la même en matière commerciale qu'en matière civile.

On sait qu'en matière commerciale les cas spéciaux de solidarité admis formellement par la loi sont très nombreux. C'est ainsi que les associés en nom collectif et les commandites sont tenus solidairement des dettes sociales et qu'il y a solidarité entre les différents signataires d'une lettre de change, d'un billet à ordre, d'un chèque (art. 140 et 187 du C C.) Mais il y a plus. Une règle contraire à celle de l'article 1202 du code civil est admise par l'usage : la solidarité existe entre codébiteurs sauf quand elle est exclue par une convention expresse ou par une disposition légale.

« En admettant disent MM. Lyon Caen et Re-
« nault que la solidarité se présume en matière com-
« merciale, contrairement à la disposition de l'article
« 1202 du code civil on applique la règle selon
« laquelle l'usage doit, en matière commerciale.
« l'emporter sur la loi civile lorsque les lois com-
« merciales sont muettes. A cet égard l'usage favorable
« à l'admission de la solidarité paraît constant et très
« ancien. Pothier (Traité des obligations nº 266) dit

« que le principe a passé en maxime. Borhier, dans son
« commentaire sur l'article 7 du titre IV de l'ordon-
« nance de 1673, cite en ce sens un arrêt du Parlement
« de Toulouse du 17 Juin 1662 qui décidait que deux
« marchands ayant acheté ensemble des marchandises
« étaient tenus solidairement du paiement du prix.
« Jousse dans son commentaire sur le même article de
« l'Ordonnance de 1673, n'était pas moins formel; il
« expliquait la solidarité en disant qu'on présumait
« une société entre ceux qui contractent.

« Quelques auteurs (Boistel, Précis du Droit
« commercial n° 435) en se référant à ces motifs ont
« cru pouvoir soutenir qu'il n'y a pas solidarité en
« matière commerciale lorsqu'il est constant que le cré-
« ancier n'a pas cru à l'existence d'une société entre les
« co-débiteurs. Mais il n'y a pas trace de la distinction
« ainsi proposée dans les anciens usages. Elle aurait,
« du reste, le grave inconvénient de donner lieu à des
« contestations sur le point de savoir si le créancier a
« su ou non qu'il y avait une société entre les co-dé-
« biteurs.

« Cet usage commercial relatif à la solidarité
« se justifie par plusieurs considérations: il augmente
« le crédit personnel des débiteurs qui s'obligent
« ensemble; il évite au créancier des recherches sur la
« solvabilité de tous les co-débiteurs, par cela même
« que grâce à la solidarité, l'insolvabilité de l'un d'eux
« est supportée par les autres. Aussi les Codes de com-
« merce qui, plus complets que le code français ont

— 152 —

« prévu la question, l'ont tranchée dans le sens de la
« solidarité. V. Code allemand art. 280 — code hon-
« grois art. 268 — code italien art. 40 — code roumain
« art. 42 — code portugais art. 100. En Belgique, la
« question de l'admission de la solidarité en matière
« commerciale, par dérogation à la règle de l'article
« 1202 C. C. est discutée (Lyon Caen et Renault, Droit
« Commercial Tome III page 35 ».

Nous avons reproduit tout au long ces lignes
de Lyon Caen et Renault, parce que les arguments qui
y sont développés pour justifier que la solidarité en
matière, commerce doit toujours se présumer, nous
semblent quelque peu en contradiction avec ceux que
nous avons développés dans la première partie de cette
discussion au sujet de la solidarité en matière civile.
En effet qu'il s'agisse de co-signataires d'une lettre de
change ou de co-débiteurs ordinaires en matière commerciale, quelle est la raison d'équité qui autorise le
créancier à se considérer créancier de la totalité de la dette
de l'un ou l'autre des co-débiteurs ? Le fait qu'il existe
vis-à-vis d'une société entre les co-débiteurs ? Mais cette
existence ne peut être qu'une présomption, et elle n'est
pas le résultat d'un consentement formel des parties.
Non, la seule raison à invoquer en la matière, c'est l'u-
nion, c'est la coutume. Usage datant, en matière commerciale, de plusieurs siècles....

Aussi, en matière annamite, les partisans du principe que la solidarité se présume toujours, trouveront-ils dans la même règle en matière commerciale française un argument de plus en faveur de leur théorie. Et ils pourront, il faut le reconnaître, dire avec quelque logique: En droit annamite, la solidarité se présume toujours, parce que la coutume le veut ainsi, de même qu'en matière commerciale française l'usage a fait admettre une règle identique

CONCLUSIONS

Lorsque la commission chargée de l'élaboration d'un code civil annamite pour le Tonkin, sera arrivée au chapitre de la solidarité, elle se trouvera sans doute embarrassée. Devra-t-elle comme l'ont fait déjà les premiers projets de code pour le Tonkin et pour la Cochinchine décider, conformément à la logique et au droit naturel, que la solidarité ne se présume pas ? Devra-t-elle édicter la règle contraire, en se basant sur certains arrêts de jurisprudence et sur la coutume ? Personnellement nous opinerions pour la première solution et cela pour plusieurs motifs.

Nous reconnaissons que le législateur doit respecter la coutume. Elle constitue une des sources principales des lois écrites. Mais encore, faut-il que la coutume soit certaine, solidement établie. Or, en Indo-Chine, rien n'est plus difficile que de déterminer en raison de la diversité des justiciables, la fixité d'une coutume. Est-il besoin de rappeler à cet égard que pendant de longues années, la jurisprudence de la Cour de Saigon s'est refusée à admettre que les Chinois pouvaient hériter en Cochinchine en vertu d'une prétendue coutume dite « des deux besaces » d'après laquelle le Chinois » entrait en Annam avec un bâton et deux besaces vides et devait en sortir de même. « Dans un arrêt du 12 juin 1907 (J. Judiciaire 1907 page 291) M. le Président Raffray fit justice de cette prétendue coutume qui n'avait jamais existé que dans l'imagination des magistrats, et décida que les Chinois étaient parfaitement aptes à *recueillir* une succession en Indochine.

Mais une question plus grave se pose. La coutume a-t-elle vraiment une force obligatoire ? et dans quelle mesure le législateur doit-il la respecter ? (1)

____

(1) Nos idées à cet égard sont bien arrêtées. Nous sommes partisans, non pas aveugles, mais déterminés, de l'assimilation juridique. Voici au point de vue pénal, ce que nous écrivions en 1906 'Tribune des Colonies, page 64 — année 1906). L'avenir sembla nous donner raison ;

« La question qui nous occupe se trouve résumée dans cette
« phrase de M. Durrwell: «Les mœurs de nos sujets d'Extrême-
« Orient sont si différentes des nôtres qu'il se rencontre forcément
« de nombreux cas dans lesquels notre loi reste impuissante à leur
« égard.

« Nous avons, dans les lignes qui précèdent, suffisamment pré-
« cisé par l'étude de quelques cas spéciaux notre manière de voir
« en ce qui concerne l'application de la loi annamite aux indigènes,
« en matière pénale. Le décret de 1880 n'avait maintenu qu'à titre
« provisoire le Code annamite. L'expérience des vingt-cinq années
« qui viennent de s'écouler nous autorise à en demander la suppres-
« sion complète. La coutume et la loi annamite auxquelles le juge,
« en matière pénale, fera bien de se référer quand même, ne devront
« plus lui servir que comme une indication et un guide pour le
« quantum de la condamnation à prononcer. Voici un exemple qui
« fera mieux comprendre notre pensée: Un Annamite de l'arrondis-
« sement de Tâyninh vola, en 1899, un écrit du culte relatant la

« consécration d'une pagode à certains génies. Le code annamite
« punit ce délit de la strangulation. Le juge devait-il complètement
« faire table rase de la loi annamite? Non. Il s'en inspira quant à
« l'application de la peine. Le coupable fut condamné à une peine
« sévère, parce qu'il sembla au juge que ce genre de délit était, aux
« yeux des indigènes, d'une extrême gravité et que le punir comme
« un simple larcin aurait été violer la coutume et la loi annamite.
« Dans la généralité des cas, le code pénal métropolitain suffit,
« si on en fait une application raisonnée, pour réprimer les crimes
« ou délits commis par les Annamites.

« Mais nous nous rendons parfaitement compte que notre opi-
« nion n'est pas celle de tous ceux qu'intéresse l'avenir de notre
« colonie : fonctionnaires, administrateurs ou magistrats. Les diver-
« gences d'opinions à ce sujet sont très grandes. C'est avec des
« théories semblables, nous écrit un magistrat, que l'on fait dire à
« juste titre que la justice apporte le désordre dans les pays de cou-
« tume, au lieu d'y faire régner l'ordre. L'assimilation complète des
« indigènes en matière pénale est une hérésie. La Cour de Saigon a
« eu raison, dans quelques cas spéciaux, de maintenir l'application
« du code annamite. Maintenir le code annamite dans l'esprit du
« décret de 1880 et dans la pratique indiquée par la Cour de Cassa-
« tion, c'est respecter l'histoire, l'hérédité, l'habitude, la condition,
« l'éducation et l'esprit de la race soumise .

« D'une manière générale, les partisans d'une législation d'ex-
« ception à appliquer aux indigènes en matière pénale puisent leurs
« arguments dans deux ordres d'idées différents: les uns, partant
« d'un principe de domination, voient surtout dans la loi pénale
« annamite un ensemble de pénalités sévères qui permettra de
« maintenir les Annamites d'une façon plus étroite sous notre joug :
« les autres, se plaçant au point de vue de l'intérêt même de la race
« conquise, réclament pour elle l'application de ses lois, au nom de
« la logique et du bon sens.

« En ce qui concerne notre domination dans ce pays, ce n'est
« pas dans une colonie aussi parfaitement pacifiée que la Cochin-
« chine, qu'une question de sécurité doit nous faire maintenir, à
« l'égard des indigènes, des pénalités plus sévères que celles édictées
« par la loi française. — A ce sujet, il est bon de rappeler quels ont
« été les effets du décret du 6 janvier 1903 qui supprime en principe
« l'indigénat. Que ne nous avait-on prédit avant la promulgation de
« ce décret, quels cataclysmes sociaux ne nous avait-on pas annoncés!
« Les pires désastres devaient suivre cette suppression. En fait,
« la Cochinchine continue à vivre de sa vie paisible, et le décret
« précité a marqué, quoi qu'on en dise, un revirement heureux
« dans notre façon d'administrer les indigènes. Auparavant, sous
« prétexte de faire régner l'ordre et de surveiller les notables, l'au-
« torité administrative avait, dans certaines provinces du moins,

« souvent abusé du pouvoir exceptionnel de répression laissé entre
« ses mains. L'autorité intervenait dans les moindres actes des
« villages. Ce contrôle incessant, cette tutelle minutieuse et exa-
« gérée avait pour résultat de tuer toute vie, toute indépendance et
« tout essor dans la commune annamite. Nul ne voulait plus des
« fonctions publiques, trop difficiles à remplir ou trop dangereuses.
« Une véritable grève des notables en avait été le résultat. A ce
« régime a succédé un régime nouveau, plus bienveillant et
« moins tracassier. Nous avons senti les besoins de ne pas trop nous
« immiscer profondément dans les affaires intimes du peuple
« annamite, de ne pas ébander l'autorité des notables, de fortifier
« leur pouvoir au contraire. La suppression de l'indigénat voté à
« l'unanimité par le conseil colonial de la Cochinchine, dans sa
« séance du 2 novembre 1911, a donné de bons résultats par suite.
« Elle se réclamait d'un principe, très critiqué par certains, celui de
« la séparation des pouvoirs. Ce principe, consacré par un long
« passé a prouvé sa raison d'être en Cochinchine, plus que partout
ailleurs. C'est avec raison que M. le Procureur Général Assaud
pouvait dire un jour: « L'organisation judiciaire de la Cochinchine,
telle qu'elle existe, est devenue le contrepoids nécessaire et le régu-
lateur indispensable de l'administration proprement dite du pays ».
D'ailleurs le Chef lui-même de la Colonie, dans son discours du 18
« juillet 1903, s'exprimait ainsi : « La suppression du régime de l'in-
« digénat n'a pas eu les fâcheuses conséquences que pronosti-
« quaient quelques conservateurs trop absolus. Rien n'est immuable,
« et l'évolution est la grande loi, pour les institutions comme pour
« les êtres ».

(Discours de M. Rodier à l'ouverture du Conseil colonial de la
Cochinchine).

Mais voici que cette évolution est, pour ainsi dire, niée et com-
battue par ceux qui, se plaçant à un point de vue différent, entendent
conserver aux indigènes l'intégralité de leurs lois pénales et civiles.
Ici c'est l'assimilation qui est la bête noire. De ce que l'assimilation,
poussée à l'excès, a donné souvent de très mauvais résultats, on conclut volontiers que le principe de l'assimilation lui-même est con-
damnable. Tant il est vrai que nous ne pouvons combattre les mauvais côtés d'un système qu'en lui opposant un système contraire et
diamétralement opposé. En réalité cependant, on doit, trouver
la vérité entre les deux opinions extrêmes. Quoi de plus naturel que
de vouloir progressivement imposer nos lois aux peuples que

nous avons soumis? Nos lois ne sont-elles pas, d'un avis unanime, les meilleures de toutes, les plus humaines, les plus justes? Les efforts d'adaptation, tentés en 1884 par M. Lasserre pour rédiger un Code civil à l'usage des Annamites n'ont pas été couronnés d'un succès complet. Faut-il cependant abandonner à tout jamais l'idéal qu'il poursuivait, idéal si éloquemment exprimé dans l'exposé des motifs de plusieurs des titres de son projet?

Nous ne le pensons pas. On sait que par un arrêté récent une commission a été chargée de préparer un projet de codification des lois et coutumes annamites. Nous sortirions trop de notre sujet, si nous exposions longuement ici ce que nous pensons de la codification en général, et surtout de la codification des lois et coutumes d'une race dite inférieure lorsqu'elle est tenté par une race supérieure. Nous pouvons cependant dire que la commission nommée par l'arrêté du 14 Juin 1905 aura une tâche singulièrement laborieuse et ardue. Il n'est pas aisé de restaurer les coutumes flottantes et obscures d'un peuple d'Extrême-Orient sans leur laisser l'empreinte de notre esprit latin et sans les déformer. Et même si l'on arrivait à les fixer d'une façon fidèle, n'est-ce pas condamner nos sujets annamites à être perpétuellement régis par une législation d'ordre inférieur que d'immobiliser par la promulgation d'un code des règles de droit qui sont le produit d'une civilisation moins avancée que la nôtre?

Quoi qu'il en soit, et la codification des lois et coutumes annamites serait-elle, sous la direction éclairée du président de la commission, une mesure nécessaire et utile en matière civile, nous persistons à croire qu'en matière pénale il n'est pas nécessaire, pour maintenir la sécurité d'adjoindre aux prescriptions de notre code pénal, d'ailleurs modifié par le décret de 1880, les dispositions de la loi annamite. Aussi bien le décret du 16 Mars 1880 demande-t-il lui-même, de l'avis de tous, à être remanié. M. Lencou-Barême a fait dans la Tribune des Colonies (1899 II, p. 7) une juste critique de l'article 340; certains n'admettent pas, pour le vol, la suppression de la circonstance aggra-
« vante d'effraction. En modifiant le décret de 1880 il serait donc
« possible, et c'est la conclusion de notre étude, d'en supprimer
« purement et simplement l'article 4, qui ouvre la porte à l'applica-
« tion de la loi annamite que les adversaires de l'assimilation ne
« protestent pas trop. Ceux qui comme de Lanessan, L. de Baussure
« et surtout G. le Bon estiment que la pénétration de deux races
« ne peut s'accomplir qu'après une longue suite de siècles, n'ont
« pas dû voir sans stupeur le Japon leur donner récemment un san-
« glant démenti. Le temps fait son œuvre, plus vite qu'on ne le croit.
« Insensiblement, aussi bien pour l'adoption de notre législation
« pénale que pour le reste, c'est le peuple soumis qui vient vers nous».

H. D.

Qu'est ce au fond que la coutume ? Un ensemble de règles traditionnelles établies petit à petit, avec le temps, et le plus souvent difficiles à constater. En France, avant le XVIe siècle, les coutumes n'avaient jamais été rédigées par écrit, (ce qui est le cas pour l'Indochine). Et plus tard, même du temps de Voltaire, les coutumes étaient si variables, que ce philosophe, disait qu'en voyageant: « On changeait aussi souvent de lois que de chevaux. » Quelle est, dans ces conditions, l'autorité d'où dérive la coutume ?

Faut-il voir dans la coutume "la commune conscience du peuple envisagée comme formant une unité continue" ?— Cette idée mystique, dit M. Gény, n'a pu résister à une critique pénétrante, et les travaux les plus récents en révèlent la pleine banqueroute. D'après Planiol, il n'est pas possible d'établir des règles coutumières ayant une valeur obligatoire, en dehors de la jurisprudence. »—D'où peut venir, dit Planiol la force obligatoire de la coutume ? Ce ne peut-être du simple « fait de la routine car les par- « ticuliers n'ont pas d'autorité les uns les autres: ils « sont indépendants, et, fussent-ils cent mille, à suivre « un usage ils ne peuvent m'empêcher de m'y sous- « traire, si je le trouve mauvais.— » (Planiol Droit civil Tome I page 5).

De tout temps on a considéré comme une condition essentielle de la coutume la rationabilité de l'usage (Gény)

« Si l'usage, dit Planiol, était par lui-même
« obligatoire, il le serait, quoique mauvais, comme la
« loi. Du moment où il a besoin d'être approuvé pas
« la Justice c'est que la force dè contrainte n'est par
« pour lui une vertu intrinsèque. Elle lui vient du
« dehors ». (Planiol Tome I page 5).

Donc, la coutume a besoin d'être approuvée,
souvent modifiée, apurée, moralisée.— Bien plus, il
faudra souvent qu'elle disparaisse. Devrions-nous faire
bondir certains adversaires de l'évolution juridique,
nous dirons que c'est « à grands coups de hache »
que les législateurs de l'Indochine devront tailler dans
le droit coutumier annamite.— Feront-ils autre chose
lorsqu'ils décideront, contrairement à tous les usages
locaux, qu'il convient de limiter la preuve par témoins
aux litiges ne dépassant par cent cinquante francs ?
Feront-ils autre chose lorsqu'ils décideront que, dans
certains cas du moins, et conformément aux règles les
plus élémentaires de l'équité, la femme doit-être considérée, dans la communauté annamite, comme pouvant posséder des propres ? A chaque pas, surgira
devant nos législateurs, cette antinomie entre le droit
naturel et la coutume; à chaque pas, se posera devant
eux ce problème grave, souvent émotionnant la codification est-elle une œuvre moralisatrice, une œuvre
de progrès, doit-elle marcher avec le développement
historique du droit ?

Après quelques hésitations, nous estimons que la codification des lois civiles en Indochine est nécessaire. Une loi claire et certaine est indispensable à tous les peuples. Tous les peuples modernes ont reconnu les avantages de la codification « tout en don-« nant à leurs lois la souplesse nécessaire au moyen « d'assemblées législatives délibérant d'une manière « presque permanente. »

La Tunisie possède un code depuis 1905.— Le Maroc en a également élaboré un en prenant comme modèle celui de la Tunisie et les Travaux de M. Berge. — Un code est donc indispensable à l'Indochine — S'il nous était permis d'émettre, en terminant, une idée personnelle. nous dirions que nous désirerions voir promulguer, pour notre grande colonie, une législation unique, aussi bien en matière civile qu'en matière pénale. C'est dire que, dans un délai plus ou moins rapproché, les Codes spéciaux édictés pour la Cochinchine. le Laos, le Tonkin, devraient se fondre en un seul code applicable à nos sujets d'Extrême-Orient. Ce code s'inspirerait des codifications déjà faites, des décisions de la jurisprudence, des coutumes indigènes nettement établies, surtout quand elle se réfèrent au statut personnel, mais il s'inspirerait aussi plus largement de nos idées juridiques. Une telle réforme doit fatalement marcher de pair avec l'œuvre civilisatrice que nous accomplissons en Indochine.

H. DARTIGUENAVE

CONCLUSIONS

Dans la première partie de cette étude, nous avons envisagé le problème politique de l'évolution indigène en Indochine. Il nous a semblé que nous devions faciliter par tous les moyens cette évolution, que nous devions regarder l'avenir avec confiance, que nous devions faire crédit de plus en plus aux Annamites, quel que fût le régime politique que les événements imposeront plus tard à nos possessions d'Extrême-Orient. Les intérêts de nos nationaux et ceux de la France, ne sauraient souffrir sérieusement de l'émancipation indigène.

Mais nous reconnaissons volontiers que cette première partie de nos notes peut prêter matière à discussion, comme toutes les questions d'ordre politique. Notre opinion personnelle ne saurait certes avoir la valeur d'un dogme en la matière.

Dans la deuxième partie de notre ouvrage, nous avons étudié le problème juridique et fait ressortir tous les maux dont souffre l'Indochine au point de vue de l'application de la justice, de l'interprétation des lois et des coutumes indigènes. Ici nous nous permettons d'être beaucoup plus affirmatif. Véritablement, il semble que ces questions devraient émouvoir les pouvoirs publics et que des réformes urgentes, **absolument urgentes,** s'imposent actuellement.

La question judiciaire qui devait être capitale pour le pouvoir exécutif semble avoir trop souvent passé au deuxième plan dans les préoccupations gouvernementales. Le public sans se désintéresser complètement des problèmes judiciaires leur prête moins d'attention qu'aux questions concernant le budget, les Travaux publics, l'Instruction etc, etc....

Dans les discours officiels des gouverneurs, les questions judiciaires ne sont généralement examinées qu'en passant de façon rapide, et pour ainsi dire « pour la forme ». On pourrait presque soutenir que la Justice est l'objet d'une sorte d'hostilité de la part de l'opinion. Que de reproches n'ont pas faits jadis publicistes et écrivains à M. Le Myre de Villers pour avoir organisé, le premier, des tribunaux réguliers en Cochinchine et créé la séparation des pouvoirs, cette garantie primordiale des justiciables!

Ni les travaux des tribunaux ni l'organisation de ces derniers ne passionnent le public. Lorsque tout récemment, on a fait visiter la Cochinchine à Lord Northcliffe, on s'est bien gardé de le faire pénétrer dans nos prétoires. Il n'aurait vu le plus souvent, à son grand désenchantement, qu'immeubles déplorablement entretenus, murs lépreux, armoires rongées par les poux de bois, régistre de l'état civil flottant, sous les vérandahs, dans des flaques d'eau. Les magistrats ne sont guère mieux logés que Thémis. Tout cela jure dans un pays riche et prospère ou tant de deniers sont dépensés pour des œuvres souvent discutables.

Où peut nous conduire une telle absence de direction, un tel régime de créations, de suppressions, de réformes hâtives, contradictoires, mal digérées? On se le demande, et les indigènes attentifs à toutes les réformes qui les visent directement ou indirectement, ont le droit de s'en émouvoir.

En matière civile indigène une œuvre **immédiate** est à accomplir : Deux réformes s'imposent : 1º Une meilleure organisation de la Chambre des appels indigènes (2ème Chambre) siégeant à Saigon ; 2º La codification des lois et coutumes annamites.

En ce qui concerne les appels en matière indigène tout le monde sait que la 2ème chambre à Saigon ne peut suffire à sa besogne. Elle est depuis des années complètement **embouteillée.** Que M. le Gouverneur Cognacq qu'aucune question concernant l'avenir de la Colonie ne laisse indifférent veuille bien demander à cet égard quelques renseignements au distingué président de cette jnridiction. Il verra que le chiffre des affaires en retard est **formidable.** Il entre jusqu'à cent affaires par mois. La Cour ne peut liquider les affaires en délibéré.

En présence de l'impossibilité de faire juger leurs litiges en appel, les indigènes doivent se dire que nous avons construit un fort beau palais de justice à Saigon mais que le seul inconvénient est qu'**on n'y rend pas la justice.** Quel est le remède ? Il est facile à trouver. Puisque avec le personnel actuel on ne peut arriver à constituer une 2ème section de la chambre indigène, il faut par décret créer trois nouvelles charges de conseiller. Cela serait beaucoup plus urgent que de dépenser comme on l'a fait 500.000 fr. pour **réorganiser** le conseil du contentieux et cela pour faire taire les critiques de quelques rares justiciables mécontents. (1)

En ce qui concerne la **codification** nous avons développé déjà nos idées à ce sujet. Est-ce bien un **Code civil indigène** ou un précis de législation civile indigène qu'il importe de promulguer? Nous opinerions plutôt pour un code... Quoi qu'il en soit, il importe de ne pas laisser plus longtemps la jurisprudence locale se débattre entre des décisions contradictoires, des opinions hésitantes, des doctrines incertaines. Un peu de fixeté, gage d'une bonne justice, s'impose. L'œuvre sera difficile, ardue. Il faut en confier la Direction à des hommes d'une compétence éprouvée, **à des agrégés de nos facultés de Droit**. En quelques années, ceux-ci, auxquels on pourra adjoindre des magistrats, des administrateurs et des notables indigènes pourront édifier un monument juridique définitif, solide, indiscutable. D'autres pays d'Extrème-Orient, le Japon d'abord, le Siam ensuite, nous ont précédé dans une voie où nous tâtonnons depuis trente ans. L'heure est venue d'agir. L'avenir de la Colonie, nos promesses vis-à-vis de nos protégés, nous imposent un labeur qui pourra porter des fruits féconds et contribuera puissamment à la prospérité de la Colonie.

---

(1) — Depuis que ces lignes ont été écrites, trois nouvelles charges de conseiller ont été créées et la 2ᵉ chambre de la cour a été scindée en deux sections.

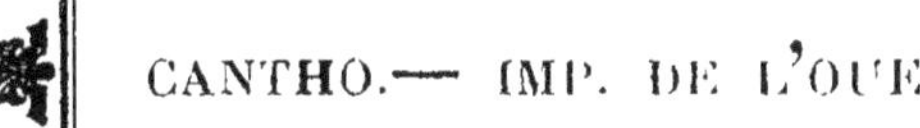

CANTHO. — IMP. DE L'OUEST

TABLE DES MATIÈRES

Cantho, le 16 Avril 1924

Tirage: 1.400 exemplaires

...és par Me H. Dartiguenave, Avocat-défenseur à Saïgon.

Certifié l'insertion conforme

L'Imprimeur,